Vorwort

Als ich die erste Beta-Version von Windows 7 auf meinem ältesten Testrechner installiert habe, war ich schon überrascht, wie flott das Betriebssystem auf dieser alten Kiste lief. Da bei mir ein Rechnerneukauf ins Haus stand, stand für mich auch fest, dass es einer mit Windows 7 wird.

Bei meinen Tests mit der Beta-Version hatte ich schon gemerkt, dass fast alle meiner alten Programme problemlos liefen. Das war bei der Umstellung von Windows XP auf Windows Vista noch ganz anders.

Windows 7 ist viel anfängerfreundlicher als ältere Windows-Versionen. Ich arbeite fast mein gesamtes Berufsleben mit Computern und bin nicht mehr so leicht zu beeindrucken. Windows 7 hat mich aber bisher wirklich überzeugt. An vielen Stellen hat Windows kosmetische Veränderungen erfahren, die vorbildlich sind.

In einem meiner Schulungsräume führe ich einmal die Woche eine Computergruppe für interessierte Kinder und Jugendliche durch. Als ich die ersten Computer mit Windows 7 aufgestellt habe, habe ich nichts gesagt, sondern nur beobachtet. Obwohl die Kinder mit Sicherheit noch keinen Windows 7 PC ihr Eigen nannten, sind sie sofort damit klar gekommen. Sie haben nicht mal gefragt, wie dieses oder jenes geht. Kinder gehen viel intuitiver an so eine Sache ran als wir Erwachsene.

Windows 7 hat einen gigantischen Funktionsumfang, den man als „Normalanwender" überhaupt nicht ausschöpfen kann, will und muss. Dieses Buch beschreibt all die Funktionen, die Sie als Einsteiger und sicherlich auch als fortgeschrittener Anwender, im täglichen Umgang mit Windows 7 wirklich benötigen.

Windows 7 für den Hausgebrauch

Alles was Sie als Einsteiger über Windows 7 wissen sollten.

INHALTSVERZEICHNIS

Was ist das Ziel dieses Buches?

Das Buch heißt nicht umsonst *Windows 7 für den Hausgebrauch*. Es ist kein allumfassendes Werk, in dem so viel drin steht, dass man es gar nicht lesen will. Der Einsteiger wird viele Dinge, die das neue Windows 7 zu bieten hat, niemals benötigen. Aus meinen Computerkursen weiß ich ziemlich genau, woran die Einsteiger interessiert sind. Und dann gibt es da noch eine Reihe von Funktionen, die der Einsteiger überhaupt nicht kennt, von denen ich aber der Meinung bin, dass man das auch als Einsteiger wissen sollte.

Das Buch vermittelt Ihnen alles, was für Sie wichtig ist um mit Ihrem PC und Windows 7 klar zu kommen, ohne zu verzweifeln. Schritt für Schritt, gut bebildert und mit einer Textbeschreibung, die man auch ohne ein Informatikstudium versteht, werden Sie durch die einzelnen Kapitel geführt.

Die Kapitel sind thematisch sortiert und laden dazu ein, alles auszuprobieren, was Sie in diesem Buch lesen. Keine Angst. Sie machen nichts kaputt! Legen Sie sich das Buch neben den Computer und probieren Sie Kapitel für Kapitel aus. Da ich die Funktionen immer ausführe, während ich ein Buch schreibe, können Sie davon ausgehen, dass auch alles so funktioniert, wie es hier beschrieben wird. Das hoffe ich jedenfalls stark ☺.

Viele Dinge, die Sie in diesem Buch lernen, werden immer und immer wieder in anderen Windows-Programmen auftauchen. Wenn Sie das hier gelernte beherrschen, werden auch andere, neue Programme Sie nicht beunruhigen.

Mit Windows 7 kann man viel Spaß haben. Und man findet immer wieder etwas Neues, was einen in Erstaunen versetzt.

Die Maus

Beginnen wir mit der Maus. Die Maus führt einen Mauszeiger über den Bildschirm. Dieses ist meistens ein Pfeil ↘. Dabei ist bei allen Aktionen die Spitze des Pfeils entscheidend.

Nehmen sie die Maus richtig in die Hand. Von der Maus darf nicht mehr viel zu sehen zu sein. Die Maus wird mit einem Daumen auf der einen, mit Ring und kleinem Finger auf der anderen Seite geführt. Dann liegt der Zeigefinger automatisch über der linken Maustaste und der Mittelfinger über der rechten Maustaste. Manche Mäuse haben auch drei Tasten oder das so genannte „Scroll-Rad", aber darauf wollen wir hier noch nicht eingehen.

Zeigen mit der Maus

Bewegen Sie die Hand nach rechts, läuft auch der Mauszeiger nach rechts. Bewegen Sie die Hand zur Tischkante nach unten, bewegt sich auch der Mauszeiger auf dem Bildschirm nach unten. Auf dem Bildschirm geschieht meistens nichts, es sein denn Sie geraten mit dem Mauspfeil auf bestimmte Piktogramme oder Schaltflächen: dann sehen Sie ein kleines Fenster *(Quick-Info)* mit einem kurzen Text. Fahren Sie z.B. mit dem Mauszeiger auf die Uhrzeit rechts unten in der Taskleiste, so erhalten Sie zum aktuellen Datum auch den Wochentag.

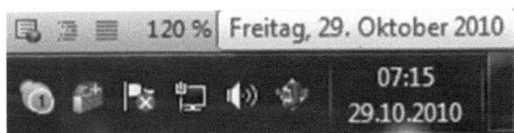

Dies nennt man die Anzeigefunktion der Maus. So erhalten Sie auf dem Startknopf ganz unten links die Meldung „Start"

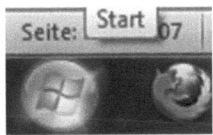

Mit den Maustasten kann man klicken und damit bestimmte Funktionen ausführen. Die Tabelle zeigt, was man mit der Maus alles machen kann.

Die Maus	
Anzeigefunktionen	
Linke Maustaste	**Rechte Maustaste**
Klick	Klick
Doppelklick	-
Dreifachklick	-
Ziehen	Ziehen

Klicken mit der linken Maustaste

Die wichtigste Taste ist die linke Maustaste. Wenn Sie auf den leeren Desktop klicken, passiert nichts. Wenn Sie auf den **Startknopf** klicken, öffnet sich das **Startmenü**. Wenn Sie auf ein Icon klicken, verändert sich dessen Farbe. So etwas nennt man markieren.

Doppelklicken mit der linken Maustaste

Wenn Sie mit der linken Maustaste auf ein Icon doppelklicken, öffnet sich ein Fenster mit einem Programm oder ein Datenfenster oder ein Arbeitsfenster. Ein Doppelklick in die Titelleiste eines Fensters verändert die Fenstergröße auf Maximum oder wieder in seine ursprüngliche Größe.

Dreifachklicken mit der linken Maustaste

Diese Aktion gibt es nicht in Windows, aber in Microsoft® WORD oder EXCEL zum Markieren eines Absatzes oder des gesamten Textes.

Das Ziehen mit der linken Maustaste

Klicken Sie auf ein Icon und halten Sie die linke Maustaste gedrückt. Wenn sie jetzt mit der Maus an eine andere Stelle des Monitors fahren, wird das Icon an diese Stelle verschoben. Das gelingt auch mit nicht zu großen Fenstern, wenn sich Ihr Mauszeiger in der Titelleiste befindet.

Klicken mit der rechten Maustaste

Wenn Sie mit der rechten Maustaste an irgendeine beliebige Stelle klicken, erscheint **immer** ein Kontextmenü. Ein Kontext ist ein Zusammenhang und das Kontextmenü steht immer im Zusammenhang mit der Stelle, auf die Sie geklickt haben. Hierzu ein paar Beispiele:

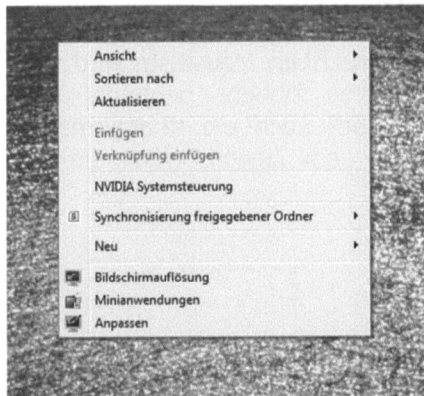

Klicken Sie mit der rechten Maustaste in den leeren Desktop.

Klicken Sie mit der rechten
Maustaste auf ein Piktogramm.

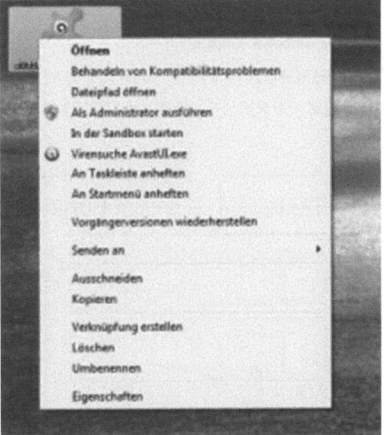

Klicken Sie mit rechts auf
den **Startknopf.**

Das können Sie beliebig fortsetzen und erhalten immer wieder neue Kontext-
menüs.

Das Ziehen mit der rechten Maustaste

Das Ziehen mit der **rechten** Maustaste wird von Windows „modifiziertes Ziehen" genannt. Tatsächlich erscheint aber auch ein Kontextmenü, allerdings erst nach dem Ziehen, wenn Sie die Maustaste loslassen.

Dieses Kontextmenü sieht immer gleich aus. Sie können das verschobene Objekt an die gewünschte Stelle verschieben, kopieren oder eine Verknüpfung erstellen, was später beschrieben wird. Sie können die Aktion auch abbrechen.

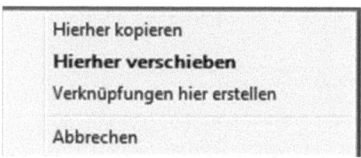

Die Tastatur

Nun zur Tastatur. Viele von Ihnen kennen die Tastatur der Schreibmaschine. Die Tastatur eines PC hat jedoch mehrere Bereiche mit mehr Tasten.

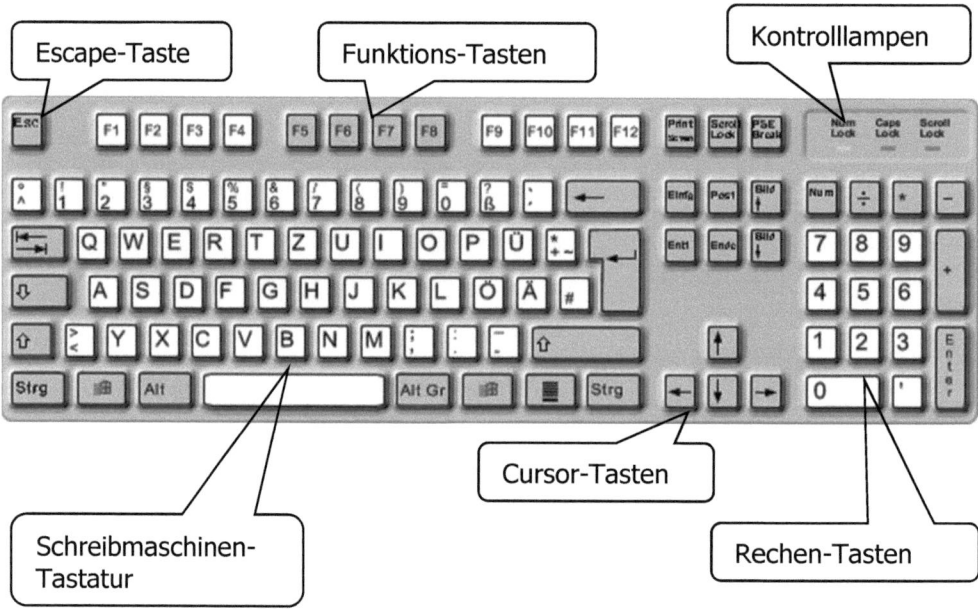

Die **Escape-Taste** lässt Aktionen abbrechen. Immer wenn Sie die Schaltfläche
Abbrechen sehen, können Sie auch die **ESC**-Taste drücken.

Die **Funktionstasten F1 bis F12** haben heute kaum noch eine ernsthafte
Bedeutung. Sie dienten früher dazu, bestimmte Formatierungen vorzunehmen.
Dazu haben wir heute in den Anwenderprogrammen die Symbolleisten.

Die Kontrolllampen zeigen an, ob der
Ziffernblock (Num ⇓) oder die Cursorsteuerung aktiviert sind.

Wenn die Caps-Lock-Lampe (Shift-Lock) brennt, ist die Großschreibung aktiviert
und kann durch einen erneuten Druck auf die **Shift-Lock**-Taste ausgeschaltet
werden. Die Rollen-Lampe wird durch die gleichnamige Taste ein- und ausgeschaltet und sollte immer ausgeschaltet sein.

Die **Schreibmaschinentastatur** dient zum Erfassen von Texten. Auch hier
seien einige Tasten besonders beschrieben:

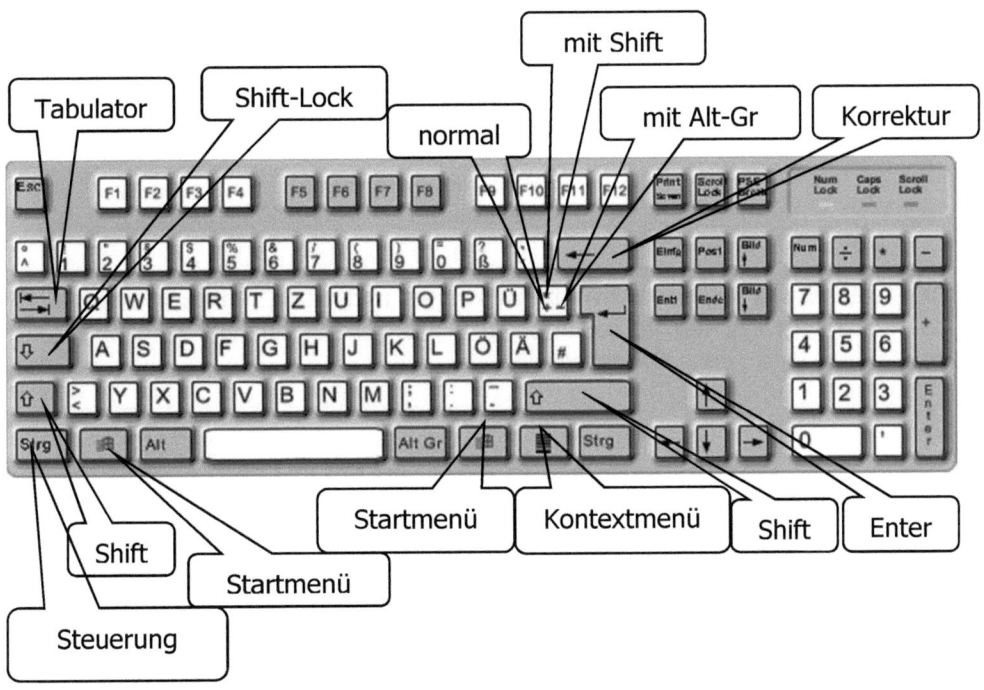

Wenn man eine normale Buchstabentaste drückt, erscheint ein kleiner Buchstabe. Bei gedrückter **Shift-Taste** *(ist 2x vorhanden)* wird der Buchstabe groß geschrieben. Wenn Sie viele Buchstaben groß schreiben wollen, drücken Sie einmal kurz die **Shift-Lock-Taste** (Caps-Lock) und schreiben dann normal weiter. Zum Beenden der Großschreibung drücken Sie erneut einmal kurz die **Shift-Lock-Taste**. Auf manchen Tasten befinden sich drei Zeichen. Das dritte Zeichen erzeugen Sie bei gedrückter **Alt-GR-Taste.**

Wenn Sie sich verschrieben haben, drücken sie *sofort* die **Korrekturtaste**, um das falsche Zeichen zu löschen.

Die **Steuerungstaste Strg** dient zum Erzeugen von Steuerzeichen, den sogenannten Shortcuts, wie z.B. **Strg + C** zum Kopieren.

Die **Tabulatortaste** dient zum Einrücken von Texten.

Eine der wichtigsten Tasten hat auch gleich drei verschiedene Namen. Sie wird als **Eingabetaste, Enter-Taste** oder **Return-Taste** bezeichnet und ist im Ziffernblock noch einmal vorhanden. Viele Eingaben, besonders im Betriebssystem MS-DOS (falls das noch jemand kennt ☺) müssen mit der Eingabetaste bestätigt werden.

Mit den Tasten **Pos1, Ende, Bild ↑** und **Bild ↓** bewegen Sie sich Seitenweise auf einem Arbeitsblatt.

Die Taste **Einfg** wechselt zwischen Einfüge- und Überschreibungsmodus. Mit der Taste **Entf** löschen sie das Zeichen rechts vom Cursor und alles, was gerade markiert wird *(auch Piktogramme).*

Die **Cursorsteuerung** wird in erster Linie in Anwenderprogrammen wie Textverarbeitung benötigt. Sie bewegen damit die Schreibmarke in einem Text nach rechts, links, oben und unten.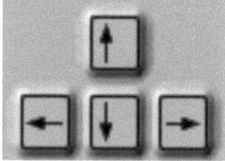

Der letzte Bereich der Tastatur ist der **Ziffernblock.** Er dient zur schnellen Zahleneingabe z.B. in der Buchhaltung oder in Bereichen der Tabellenkalkulation.

Wichtig sind die Rechenzeichen und die zweite **Enter-Taste.**

Achten Sie immer darauf, dass die **Num-Lampe** brennt, denn nur dann können Sie tatsächlich Ziffern eingeben. Die Umschaltung auf Cursorsteuerung ist nur noch für die Personen gedacht, die in den 80er Jahren an den alten IBM-Tastaturen gearbeitet haben, die noch keine eigenen Cursortasten kannten.

Windows 7 starten

Die gute Nachricht ist: Das ist ganz einfach ☺. Wenn Sie Ihren Computer einschalten, wird auch Windows 7 gestartet. Entweder startet Windows 7 direkt durch oder Sie werden zwischendurch mal kurz aufgehalten. Das kann zwei Gründe haben. Zum einen könnten Sie mehrere Benutzer eingerichtet haben. Bewegen Sie den Mauszeiger auf das Symbol des Benutzers, den Sie verwenden möchten. Machen Sie auf diesem Symbol einen Klick auf die linke Maustaste. Wurde bei der Installation ein Kennwort für diesen Benutzer eingerichtet, müssen Sie jetzt dieses Kennwort auf Ihrer Tastatur eintippen. Dabei sehen Sie nicht die Zeichen, die Sie tippen, sondern nur dicke schwarze Punkte. Das ist kein Fehler, sondern so gewollt, damit niemand, der Ihnen über die Schulter sieht Ihr Kennwort mit lesen kann. Drücken Sie anschließend die **Enter**-Taste auf der Tastatur. Spätestens jetzt startet Windows 7 ganz durch.

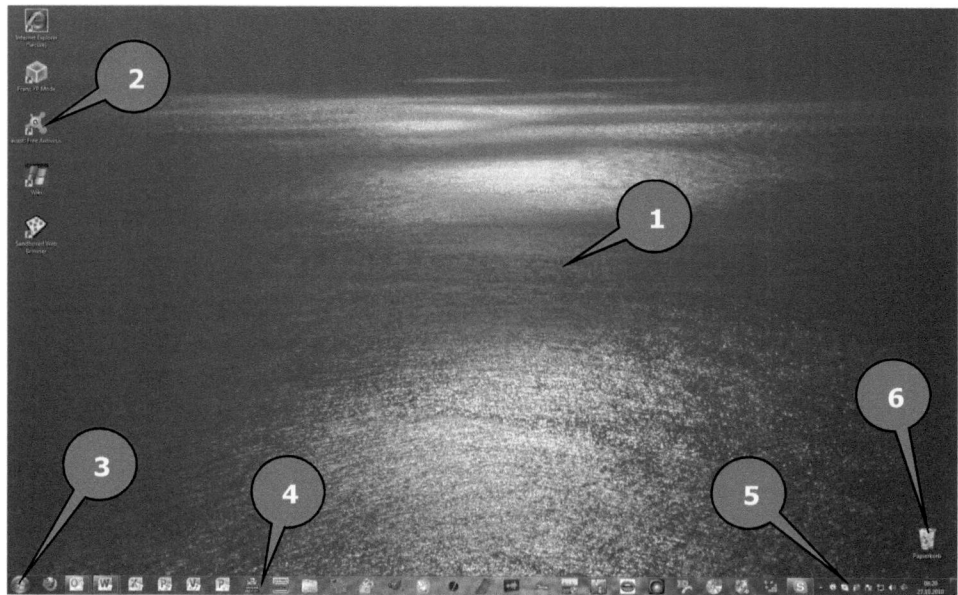

Nach kurzer Wartezeit sehen Sie ihn dann vor sich: den Desktop. Beachten Sie bitte, dass dieses Bild den Desktop *meines* PC darstellt. Ihr Desktop wird mit Sicherheit andere Symbole und auch ein anderes Hintergrundbild haben. Die Benutzeroberfläche von Windows wird als Desktop, also als Schreibtisch bezeichnet. Hier haben Sie alle wichtigen Dinge schnell zur Hand.

1. Das ist der leere Desktop. Ich habe lediglich ein Hintergrundbild meiner Wahl hinzugefügt.
2. Diese kleinen Bildchen werden meist als Piktogramme oder Programmsymbole bezeichnet. Techniker verwenden noch oft den Begriff Icon dafür.
3. Der Windows-Startknopf
4. Die Taskleiste
5. Die Infoleiste
6. Der Papierkorb

Windows 7 beenden

Sie sollten Ihren Computer wenn möglich nicht einfach über den Netzschalter ausschalten, sondern „ordentlich" herunterfahren. Eine Ausnahme wäre höchstens, wenn der Computer so abgestürzt ist, dass sich der Mauszeiger nicht mehr bewegen lässt. Dann haben Sie keine andere Wahl. In solchen Fällen können Sie den **Ein**-Schalter solange gedrückt halten, bis der Computer aus-

geht. Dieser Fall tritt aber unter Windows 7 sehr, sehr selten auf. Im Regelfall wir es aber so sein, dass alles funktioniert und Sie den Computer nur nicht mehr benötigen. Um Windows 7 ordnungsgemäß herunter zu fahren klicken Sie auf den **Startknopf** (Pfeil 1). Das öffnet das Startmenü. Dort gibt es eine Schaltfläche **Herunterfahren** (Pfeil 2). Wenn alle Programme

beendet waren, wird der Computer herunter fahren und sich ausschalten. Sollten Sie noch Programme gestartet haben, deren Inhalte noch nicht gespeichert

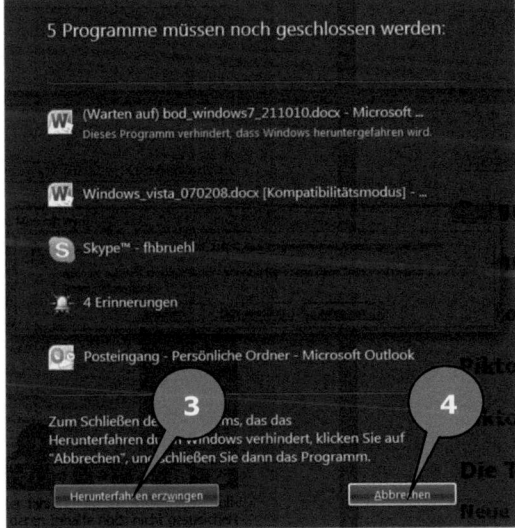

sind, wird diese Meldung erscheinen. Sollten Sie die noch nicht gespeicherten Daten nicht mehr benötigen, können Sie auf die Schaltfläche **Herunterfahren erzwingen** (Pfeil 3) klicken. Wenn Sie die Daten noch benötigen oder Sie sich nicht sicher sind, klicken Sie lieber auf die Schaltfläche **Abbrechen** (Pfeil 4). Speichern Sie Ihre Daten und fahren Sie erst dann den Computer herunter.

Sicherlich haben Sie gesehen, dass neben der Schaltfläche **Herunterfahren** ein kleiner Pfeil ist. Wenn Sie auf diesen Pfeil klicken, bekommen Sie einige Optionen angezeigt. Manchmal werden Sie nach der Installation eines neuen Programms aufgefordert Windows 7 neu zu starten. Man muss dazu den Computer nicht ganz herunterfahren. Wenn Sie auf den Befehl **Neu starten** (Pfeil 1) klicken, wird Windows beendet und sofort wieder neu gestartet.

Manchmal steht vor dem Wort Herunterfahren ein kleines Symbol. Daran können Sie sehen, das Windows Aktualisierungen, auch als Updates bezeichnet, aus dem Internet heruntergeladen hat und diese während des Herunterfahrens installiert werden. Wenn das so ist, das ist das halt so. Schalten Sie NIEMALS den Rechner einfach aus, während der Installation von Updates. Dadurch kann die Windows-Installation beschädigt werden. Die Neuinstallation von Windows wäre dann entweder Zeit- oder Kostenintensiv!

Temporäre Dateien

Sie werden sich vielleicht fragen, warum Sie den Computer nicht einfach ausschalten sollen, wenn Sie die Arbeit damit beenden wollen? Das hat einen wichtigen Grund, den ich hier einmal im Groben erklären möchte. Wenn Windows gestartet wird, legt es zahlreiche sogenannte „**Temporäre Dateien**" an. Diese dienen dazu Windows und andere Programme schneller auszuführen. Wenn Windows beendet wird, werden diese Dateien nicht mehr benötigt und während des Herunterfahrens gelöscht. Schalten Sie den Computer einfach aus, werden diese temporären Dateien nicht gelöscht und bleiben sozusagen als nie mehr benötigte Dateileichen auf Ihrer Festplatte zurück. Das ist zunächst nicht so tragisch, weil Festplatten heutzutage riesige Kapazitäten haben. Aber wenn man das jedes Mal macht, sammeln sich schnell viele Tausend dieser Dateien an und machen den Computer immer langsamer. Ich habe schon oft den Satz gehört:"Mein Computer ist so langsam geworden, ich brauche wohl einen Neuen." Das ist natürlich Quatsch. Der Computer hat nur viel zu tun, wenn er langsam ist. Die Temporären Dateien kann man übrigens auch manuell löschen. Dazu öffnen Sie im **Windows-Explorer** den Ordner **Windows/Temp** und löschen alle Dateien in diesem Ordner.

Aber bitte nicht den Ordner Temp löschen!

Der Desktop

Der Desktop besteht im Wesentlichen aus zwei Teilen. Da ist die große Fläche mit einem farbigen Hintergrund oder auch einem Hintergrundbild. Und ganz unten finden Sie die Taskleiste. Programme, deren Piktogramme auf dem Desktop liegen, startet man üblicherweise mit einem schnellen Doppelklick auf die linke Maustaste. Dabei sollten Sie die Maus nicht bewegen! Anfänger brauchen dazu etwas Übung. Ich persönlich bin übrigens kein großer Freund von Piktogrammen auf dem Desktop. Sie sind dort einfach unpraktisch. Wenn ich Programme starte, werden die Piktogramme meist durch die geöffneten Programmfenster verdeckt und ich müsste erst das oder die Fenster verkleinern, schließen oder verschieben um an diese Piktogramme zu kommen. Das macht nur unnötig Arbeit. Ich bevorzuge es, Programme in die Taskleiste zu legen und von dort zu starten. Die Taskleiste kann ich nämlich immer sehen.

Programme starten

Sie können Programme auf mehreren Wegen starten. Hat das Programm ein Piktogramm auf dem Desktop, können Sie es dort per Doppelklick auf die linke Maustaste starten. Programme, die ein Piktogramm in der Taskleiste haben, können dort durch einen einzigen Mausklick gestartet werden. Programme, die auf Ihrem PC installiert sind, aber weder auf dem Desktop noch in der Taskleiste ein Piktogramm haben, können Sie starten, in dem Sie auf den **Startknopf** klicken. Das öffnet das Startmenü. Direkt über dem Startknopf steht der Befehl **Alle Programme** (Pfeil 1).

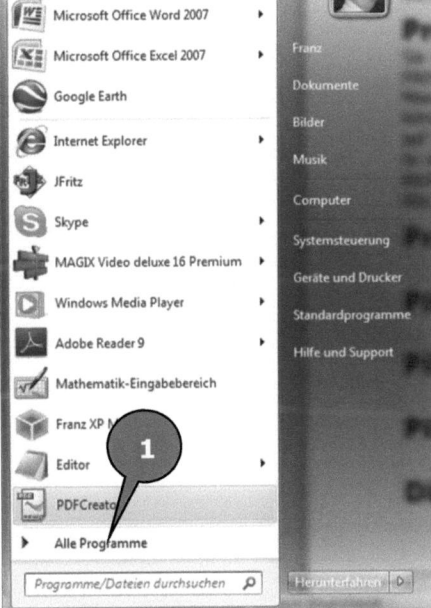

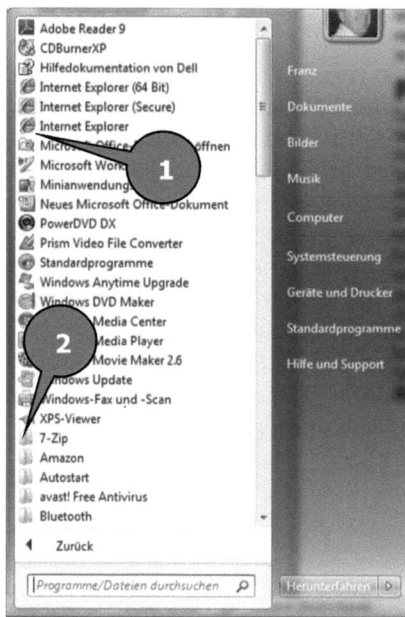

Lassen Sie den Mauszeiger dort kurz verweilen oder drücken Sie dort auf die linke Maustaste schaltet die Anzeige um. Es erscheint eine Liste, mit allen installierten Programmen. Teilweise können Sie die Programme direkt starten, in dem Sie das entsprechende Symbol (Pfeil 1) einmal anklicken. Andere Symbole sehen aus wie ein Schnellhefter (Pfeil 2). Dieser Schnellhefter ist das Ordnersymbol. Dahinter verbergen sich weitere Programmsymbole oder auch noch weitere Ordner. Klicken Sie einen solchen Ordner einmal an, klappt er auf und Sie sehen dessen Inhalt unter seinem Namen angeordnet (Pfeil 3).

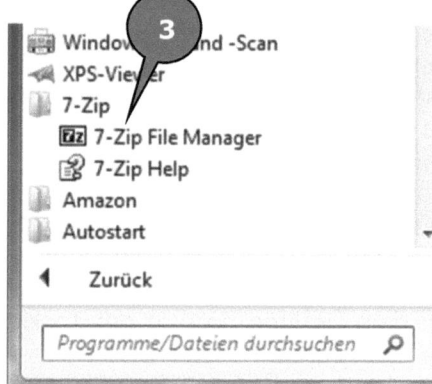

Programme beenden/Fenster schließen

Ein Programm, mit dem Sie für den Moment nicht weiter arbeiten wollen, können Sie auf mehreren Wegen beenden. Als Beispiel dafür habe ich den Internet-Explorer ausgewählt, da er bei Windows 7 bereits installiert ist.

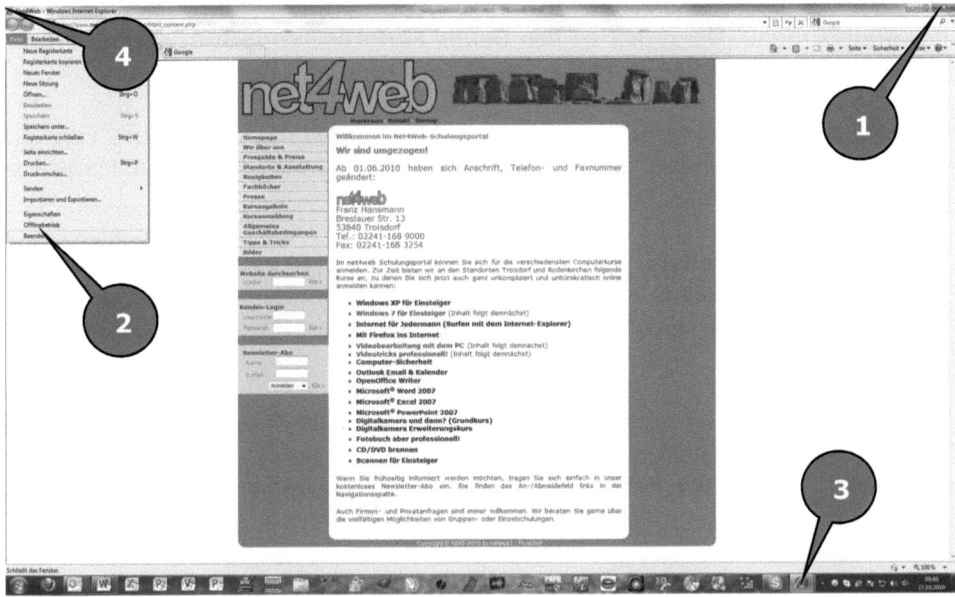

Pfeil 1: Rechts oben im Fenster des Internet-Explorers befindet sich, genau wie bei vielen anderen Programmen auch, ein weißes X auf einer kleinen roten Fläche. Klicken Sie einmal darauf, wird das Fenster und damit das Programm in der Regel geschlossen. Manchmal taucht aber auch, je nach Programm, ein Hinweisfenster auf. Da werden Sie z.B. gefragt, ob Sie erst die noch nicht ge-

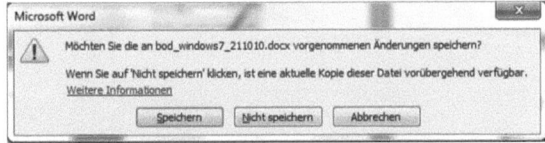

speicherten Daten speichern möchten. Lesen Sie sich solche Hinweise genau durch und entscheiden Sie danach, welche Schaltfläche Sie anklicken.

Pfeil 2: Viele Programme haben eine Menüleiste. Wenn eine vorhanden ist, dann gibt es dort auch einen Befehl Namens **Datei** und darin den Befehl **Beenden** oder **Schließen**.

Pfeil 3: Jedes gestartete Programm mit einem Fenster hat ein Symbol in der Taskleiste. Machen Sie darauf einen kurzen Rechtsklick mit der Maus, erscheint

das Kontextmenü. Darin gibt es den Befehl **Fenster schließen**. Klicken Sie ihn mit der linken Maustaste einmal an, wird das Programm beendet.

Pfeil 4: Bei vielen Programmen finden Sie links oben in der Ecke des Fensters ein kleines Grafiksymbol. Ein schneller Doppelklick mit der linken Maustaste beendet das Programm.

Weitere Möglichkeiten:
Es gibt aber noch andere Möglichkeiten ein Programm zu beenden. Die Tastenkombination **Alt-F4** beendet das Programm, dessen Fenster im Vordergrund ist.

Tja und dann gibt es noch Programme, wie z.B. Dia-Shows, die keine dieser hier genannten Möglichkeiten bieten. Auch aus solchen Programmen kommen Sie wieder raus. In der Regel geht das, in dem Sie einmal die **ESC**-Taste Ihrer Tastatur drücken.

Geht das auch nicht, hilft Ihnen der Taskmanager. Lesen Sie sich dazu das Kapitel *Der Taskmanager* durch.

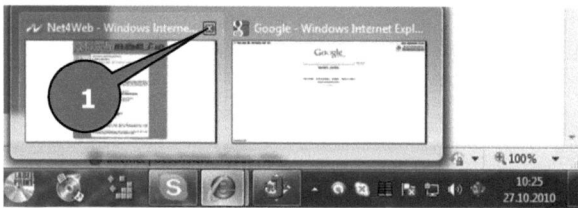

Eine weitere Möglichkeit besteht darin, den Mauszeiger auf dem Symbol in der Taskleiste verweilen zu lassen. Das öffnet Miniaturfenster des Programms. In diesem Miniaturfenster findet sich wieder so eine kleine rote Schaltfläche mit einem weißen X darin (Pfeil 1). Ein Klick darauf schließt das betreffende Fenster.

Piktogramme auf den Desktop legen

Wenn Sie das Piktogramm eines ganz bestimmten Programms auf Ihrem Desktop haben möchten, dann sollten Sie das tun. Passen Sie sich die Oberfläche an Ihre Bedürfnisse an. Nehmen wir mal an, Sie möchten das Piktogramm des Windows Media Players auf Ihrem Desktop zu Verfügung haben. Dazu klicken Sie zunächst auf **Start/Alle Programme**. Bewegen Sie den Mauszeiger auf das entsprechende Programmsymbol. Drücken Sie einmal kurz auf die rechte Maustaste. Bewegen Sie den Mauszeiger im Kontextmenü auf den Eintrag **Senden an** (Pfeil 1). Darauf klappt seitlich ein weiteres Menü auf, bewegen Sie den Mauszeiger auf dem blauen Balken von Senden an, bis Sie in dem aufgeklappten Untermenü sind. Klicken Sie dort mit der linken Maustaste einmal auf den Befehl **Desktop (Verknüpfung erstellen)** (Pfeil 2). Wenn Sie sich jetzt Ihren leeren Desktop ansehen, werden Sie dort das neue Piktogramm des Windows Media Players finden (Pfeil 3).

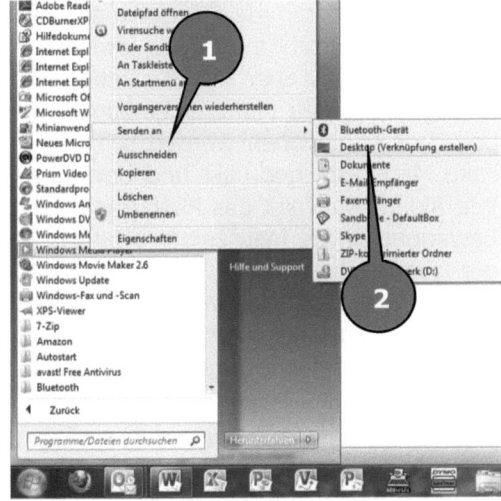

Piktogramme auf dem Desktop verschieben

Dass Sie Piktogramme mit der rechten Maustaste irgendwo hin ziehen können, haben Sie ja schon ziemlich am Anfang des Buches gelernt. Üblicherweise macht man das aber mit der linken Maustaste. Dazu 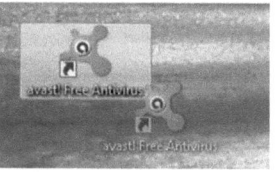 bewegen Sie den Mauszeiger zunächst auf das Symbol, dass verschoben werden soll. Halten Sie nun die linke Maustaste gedrückt und bewegen Sie die Maus. Wie Sie sehen, folgt das Piktogramm schemenhaft der Bewegung Ihres Mauszeigers. Ist Ihr Mauszeiger an der gewünschten Stelle, lassen Sie die linke Maustaste einfach los. Das Piktogramm wird dann dort abgelegt. Windows 7 ist so voreingestellt, dass die Piktogramme an einem Raster ausgerichtet werden. So wird verhindert, dass Piktogramme aufeinander gelegt und dadurch evtl. verdeckt werden könnten.

Piktogramme vom Desktop löschen

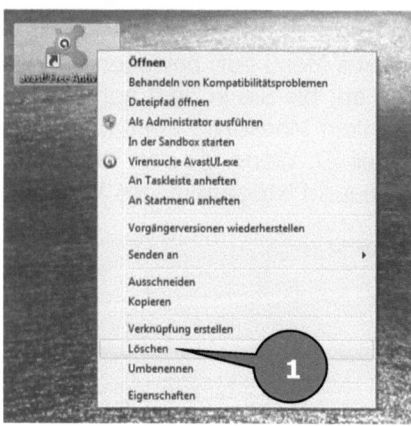

Piktogramme können auf zwei Wegen wieder vom Desktop gelöscht werden. Sie können einerseits das betreffende Piktogramm mit gedrückter linker Maustaste auf den Papierkorb ziehen. Wesentlich effektiver ist es aber, auf dem betreffenden Piktogramm einen kurzen Rechtsklick mit der Maus zu machen. In dem erscheinenden Kontextmenü klicken Sie auf den Befehl Löschen (Pfeil 1). Egal wie Sie es machen, es erscheint die folgende Sicherheitsabfrage.

Sie werden noch mal gefragt, ob Sie sich wirklich sicher sind. Klicken Sie auf **Ja** (Pfeil 2), wenn Sie sicher sind und Sie das Piktogramm wirklich löschen wollen. Sind Sie sich nicht sicher, oder haben Sie den Löschen-Befehl versehentlich angeklickt, klicken Sie auf **Nein** (Pfeil 3). Haben Sie auf **Ja** geklickt,

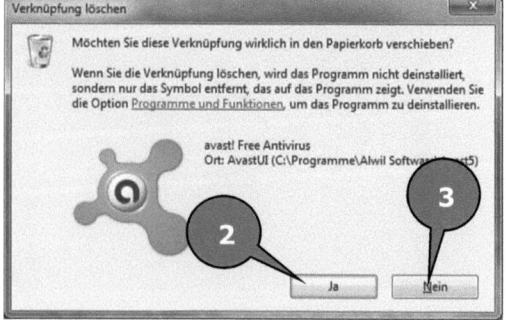

wird das Piktogramm in den Papierkorb verschoben. Damit es noch nicht wirklich gelöscht. Was es damit auf sich hat, lesen Sie bitte im Kapitel *Der Papierkorb*.

Piktogrammgröße ändern

Die Piktogramme auf dem Desktop lassen sich auf zwei Arten in der Größe verändern. Sie können auf dem leeren Desktop einen Rechtsklick machen und wählen aus dem Kontextmenü den Befehl **Ansicht** und dann z.B. **Große Symbole**. Das vergrößert die Piktogramme schon erheblich.

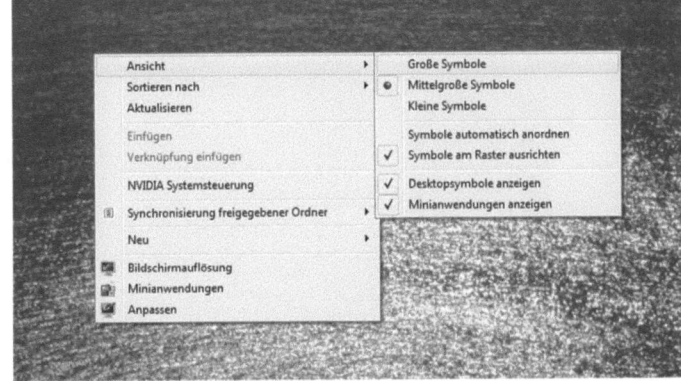

Die Piktogramme sind noch nicht groß genug? Dann bewegen Sie den Mauszeiger doch mal irgendwo in den leeren Desktop. Halten Sie auf der Tastatur die **Strg**-Taste gedrückt. Und jetzt bewegen Sie mal das Rad Ihrer Maus.

Groß genug ☺?

Mit einem Rechtsklick auf dem Desktop und dem Befehl **Ansicht/Mittelgroße Symbole** bekommen Sie sie wieder auf Normalgröße.

Was sind Verknüpfungen?

Wenn Sie sich die Piktogramme auf dem Desktop genau ansehen, werden Sie feststellen, dass einige von Ihnen einen kleinen blauen Pfeil in der unteren linken Ecke haben. Das ist ein Zeichen dafür, dass es sich bei dem Piktogramm um eine so genannte Verknüpfung handelt. Eine Verknüpfung ist nicht das Programm selber, sondern nur ein kleines

Bild, das auf das eigentliche Programm verweist. Dabei ist es nicht interessant, wo sich das Programm wirklich befindet. Hauptsache, wenn ich die Verknüpfung doppelklicke, wird das Programm gestartet. Verknüpfungen können Sie ohne Gefahr löschen. Sie lassen sich ja jederzeit wieder neu anlegen. Wie haben Sie ja schon im Kapitel *Piktogramme auf den Desktop legen* gelernt. Bei Piktogrammen, die nicht über diesen Verknüpfungspfeil verfügen, würde auch das zugehörige Programm gelöscht.

Die Taskleiste

Die Taskleiste von Windows 7 ist anders als die Taskleiste aller vorhergehenden Windows-Versionen. Sie ist einfacher zu bedienen und zu pflegen. Ein großer Schritt in die richtige Richtung zu mehr Anfängerfreundlichkeit. Im Wesentlichen besteht die Taskleiste aus vier Elementen.

1. Der Startknopf
2. Programmsymbole
3. Infoleiste
4. Desktop-Symbol

Der Startknopf und das Startmenü

Sie haben ja schon gelernt, wie Sie Programme starten, wenn Sie über den Befehl
Start/Alle Programme gehen. Klicken Sie
mit der linken Maustaste auf den Startknopf
(Pfeil 1, vorherige Seite), öffnet sich das
Startmenü. Wenn Sie nicht auf Alle Programme klicken, sieht das Startmenü zunächst einmal so aus (Gilt nur für meinen
PC. Bei Ihnen werden andere Programme in
der Liste stehen). Die Programme in der
linken Spalte, sind die Programme, die Sie
am häufigsten starten. Das bedeutet, dass
sich die Reihenfolge, abhängig von Ihren
Arbeitsgewohnheiten, auch ändern kann.
Die Programme in der linken Spalte lassen
sich durch einfachen Mausklick starten.
Möchten Sie ein Programm aus dieser Liste
entfernen, machen Sie auf dessen Symbol
einen kurzen Rechtsklick mit der Maus und
wählen Sie den Befehl **Aus Liste entfernen**.

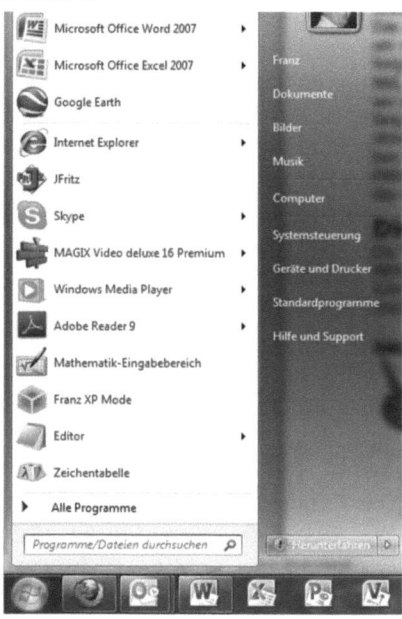

Das löscht nicht das Programm, sondern nur
den Eintrag im Startmenü.

Neue Programme in die Taskleiste aufnehmen

Da die Taskleiste immer zu sehen ist, ist Sie natürlich auch ein effektiver Platz, um Programme von dort zu starten. Außerdem benötigt man nur einen einzigen Mausklick dazu. Es macht also Sinn, die Programme, mit denen man am Häufigsten arbeitet fest in der Taskleiste zu verankern. Sie können jedes Piktogramm, egal ob Sie es sich auf dem

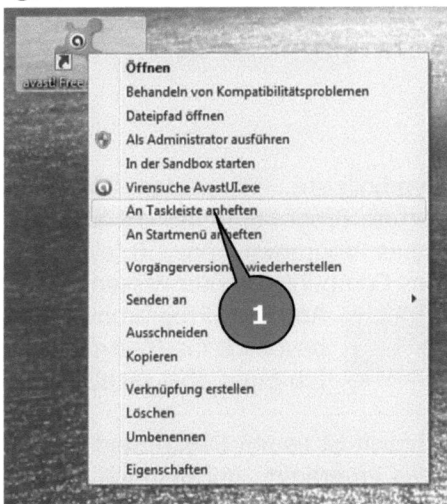

Desktop oder irgendwo im Startmenü oder bei Start/Alle Programme befindet auf dem gleichen Weg in die Taskleiste bekommen. Da die Technik immer die gleiche ist, zeige ich Ihnen das anhand eines Piktogramms auf dem Desktop. Dafür musste ich erst einmal ein Piktogramme aus meiner Taskleiste löschen, weil die so voll war ☺. Machen Sie auf dem Piktogramm einen kurzen Rechtsklick mit der Maus und wählen Sie aus dem Kontextmenü den Befehl An Taskleiste anheften (Pfeil 1) per Linksklick mit der Maus aus. Et voila. Schon ist das neue Symbol in der Taskleiste (Pfeil 2).

Piktogramme in der Taskleiste verschieben

Wenn Ihnen die Reihenfolge der Piktogramme in der Taskleiste nicht gefällt, sollten Sie sie ändern. Ich habe die Piktogramme bei mir thematisch geordnet. Internet-Programme zusammen, Office- und Grafik-Programme zusammen usw. Um ein Piktogramm an eine andere Stelle in der Taskleiste zu bekommen, bewegen Sie den Mauszeiger auf dieses Piktogramm. Halten Sie nun die linke Maustaste gedrückt und ziehen Sie das Piktogramm an die gewünschte Stelle. Sind Sie mit dem Mauszeiger an der gewünschten Stelle, lassen Sie die linke Maustaste los. Schon verschiebt sich das Piktogramm dort hin. Während des Ziehens sehen Sie schon, wie sich Lücken zwischen den Piktogrammen öffnen (Pfeil 3).

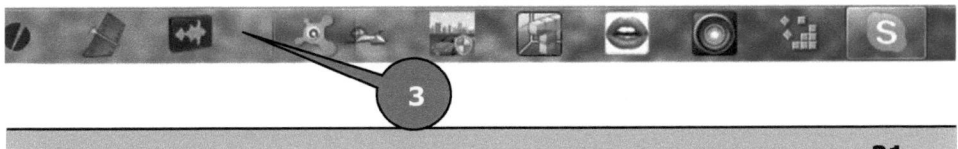

Piktogramme aus der Taskleiste entfernen

Von überflüssigem Ballast sollte man sich ab und an auch mal trennen. Wenn Sie ein Piktogramm in der Taskleiste nicht benötigen, können Sie es löschen, in dem Sie auf dem Piktogramm einen kurzen Rechtsklick mit der Maus machen. Wählen Sie aus dem Kontextmenü den Befehl **Dieses Programm von Taskleiste lösen** und schon ist das Symbol verschwunden.

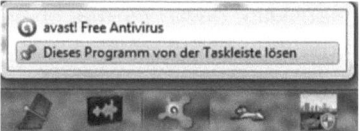

Die Infoleiste

Rechts in der Taskleiste finden Sie eine Symbolleiste, mit kleinen Piktogrammen. Diese Leiste zeigt Ihnen bereits gestartete Programme an, die aber kein Fenster für ihren Betrieb benötigen. Ein solches Programm wäre z.B. ein Antiviren-Programm. Ich möchte beim Start meines Computers immer wissen, ob das Antiviren-Programm läuft, bevor ich ins Internet gehe. Ich muss aber nicht sehen,

was das Programm die ganze Zeit macht. Ähnlich ist es mit Datum und Uhrzeit. Schön, Sie immer im Blick zu haben. Aber das Programm, mit dem ich die Uhrzeit einstellen kann, brauche ich nun wirklich nicht immer zu sehen. In der Infoleiste werden Ihnen u. U. nicht alle Programme angezeigt, die Sie vielleicht sehen wollen. Am linken Rand der Infoleiste sehen Sie einen kleinen weißen Pfeil (Pfeil 1). Klicken Sie darauf, sehen Sie die anderen Programmesymbole (Bild rechts). Nehmen wir einfach mal an, ich wollte das erste Symbol links oben (Pfeil 2) immer sofort in der Infoleiste sehen. Dann muss ich mir die Infoleiste entsprechend anpassen. Dazu klicken Sie auf die Schaltfläche **Anpassen** (Pfeil 3).

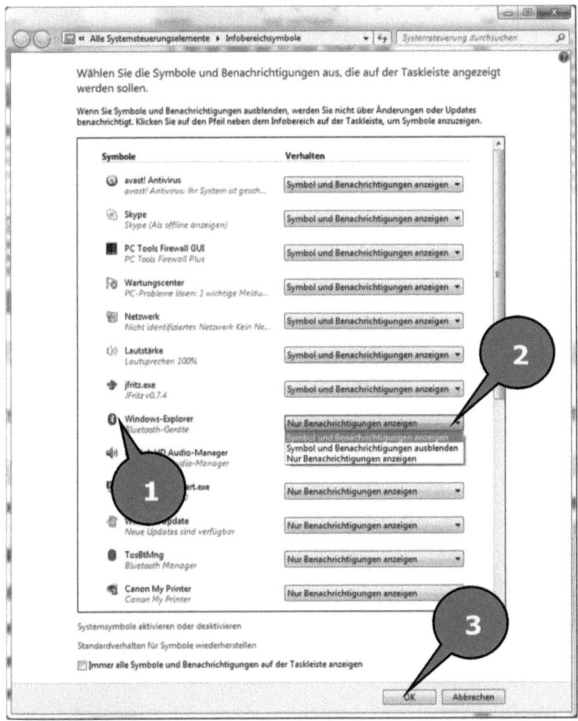

In dem sich öffnenden Fenster suche ich das entsprechende Piktogramm (Pfeil 1). Dann klicke ich auf den Auswahlpfeil (Pfeil 2) und wähle den Befehl **Symbol und Benachrichtigungen anzeigen** per Linksklick mit der Maus aus. Hier lassen sich auch mehrere Anpassungen gleichzeitig vornehmen. Gespeichert werden die Änderungen durch einen Klick auf die Schaltfläche **OK** (Pfeil 3).

Ich möchte Sie, außer für das Symbol Ihres Antiviren-Programms, noch für zwei weitere Symbole in der Infoleiste sensibilisieren. Dieses Symbol zeigt Ihnen an, dass der Computer mit dem Internet verbunden ist. Ist dort ein gelber oder roter Hinweis an diesem Symbol, liegt eine Störung Ihrer Internetverbindung vor. Wenn Sie keine Einstellungen verändert haben, liegt es meist an den Kabeln. Überprüfen Sie alle Steckverbindungen auf korrekten Sitz.

Dieses Symbol zeigt Ihnen an, dass mit den Sicherheitseinstellungen etwas nicht in Ordnung ist. Wenn Sie einmal mit der linken Maustaste darauf klicken, bekommen Sie angezeigt, was dort nicht stimmt. Im Einzelfall müssen Sie selber entscheiden, ob das für Sie wichtig und relevant ist oder nicht. In diesem Beispiel sehen Sie drei Meldungen. Die

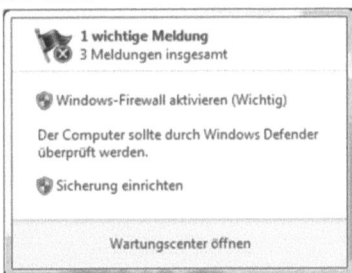

Windows-Firewall muss ich nicht aktivieren, weil ich eine andere Firewall einsetze. Die zweite Meldung fordert mich auf, den Computer durch das Programm Windows-Defender auf Schadprogramme überprüfen zu lassen. Es schadet nicht, das ab und an auch zu machen. Die dritte Meldung besagt, dass ich eine Datensicherung einrichten soll. Ich starte die Datensicherung immer von Hand. Nämlich dann, wenn ich auch mal ein paar Stunden ohne den Computer auskomme.

Das Desktop-Symbol

Das Desktop-Symbol sitzt ganz schwarz und unscheinbar am rechten Bildrand in der Taskleiste (Pfeil 1). Ein Klick auf dieses Symbol schließt alle Fenster, die geöffnet sind, auf einen Schlag. Dabei werden die Programme aber nicht beendet. Sie laufen weiter. Das einzige was passiert ist, dass Sie die Fenster nicht mehr sehen und so schnell wieder an Piktogramme auf dem Desktop kommen, die vorher vielleicht von Fenstern verdeckt waren. Ein erneuter Klick auf die Desktop-Schaltfläche öffnet alle Fenster wieder mit ihrer letzten Größe und Position. Wenn Sie nur einzelne Fenster wieder öffnen wollen, können Sie das, in dem Sie einfach einmal auf das entsprechende Piktogramm klicken.

Im folgenden Bild sehen Sie fünf Piktogramme neben dem Startknopf. Drei davon sind umrahmt und heller als die beiden anderen. Daran können Sie erkennen, dass die drei Programme mindestens einmal gestartet sind. Wenn Piktogramme so aussehen, spricht man auch davon, dass sie gehighlighted sind.

Bei einem der Symbole ist leicht versetzt noch ein weiterer Rahmen zu erkennen (Pfeil 2). Das ist ein Zeichen dafür, dass von diesem Programm mindestens zwei Fenster vorhanden sind.

Eigenschaften der Taskleiste

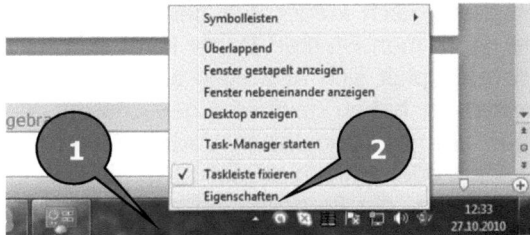

Die Eigenschaften der Taskleiste lassen sich in gewissen Grenzen ändern. Bewegen Sie den Mauszeiger irgendwo in den leeren Bereich der Taskleiste (Pfeil 1). Drücken Sie einmal kurz die rechte Maustaste und wählen Sie aus dem Kontextmenü den Befehl

Eigenschaften (Pfeil 2).

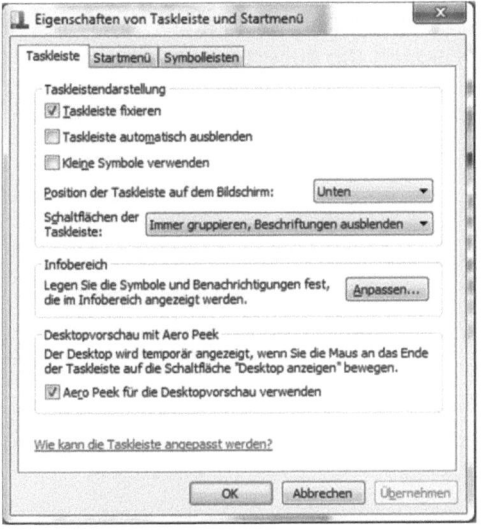

In diesem Eigenschaften-Fenster können Sie z.B. einstellen, ob Sie große oder kleine Symbole in der Taskleiste haben möchten. Ob Sie die Taskleiste lieber unten oder oben am Bildschirm sehen, oder ob etwa mehrere Fenster des gleichen Programms in einer Gruppe zusammengefasst werden sollen.

Arbeiten mit Fenstern

Wenn Sie ein Programm starten, erscheint nach kurzer Zeit dessen Benutzer-oberfläche. Diese Benutzeroberfläche nennt man Fenster. Daher leitet sich auch der Name Windows ab. In den Fenstern spielt sich also alles ab, was mit so einem Programm zu tun hat. Diese Fenster haben gewisse Eigenschaften, die man auch ändern kann, so dass man den größtmöglichen Vorteil davon hat. Manchmal ist ein Fenster zu groß, zu klein oder einfach nur im Weg. Sie können Fenster vergrößern, verkleinern, minimieren, die Proportionen von Breite und Höhe verändern, Fenster an einen anderen Platz bewegen oder alle geöffneten Fenster auf einen Schlag neu anordnen. Klingt nach viel Arbeit, ist aber halb so wild. Und Sie können mir glauben, diese Funktionen werden Sie sicherlich oft brauchen. Sehen wir uns mal so ein Fenster genau an. Der Inhalt des Fensters interessiert uns dabei nicht. Es geht mehr so um die äußeren Bereiche.

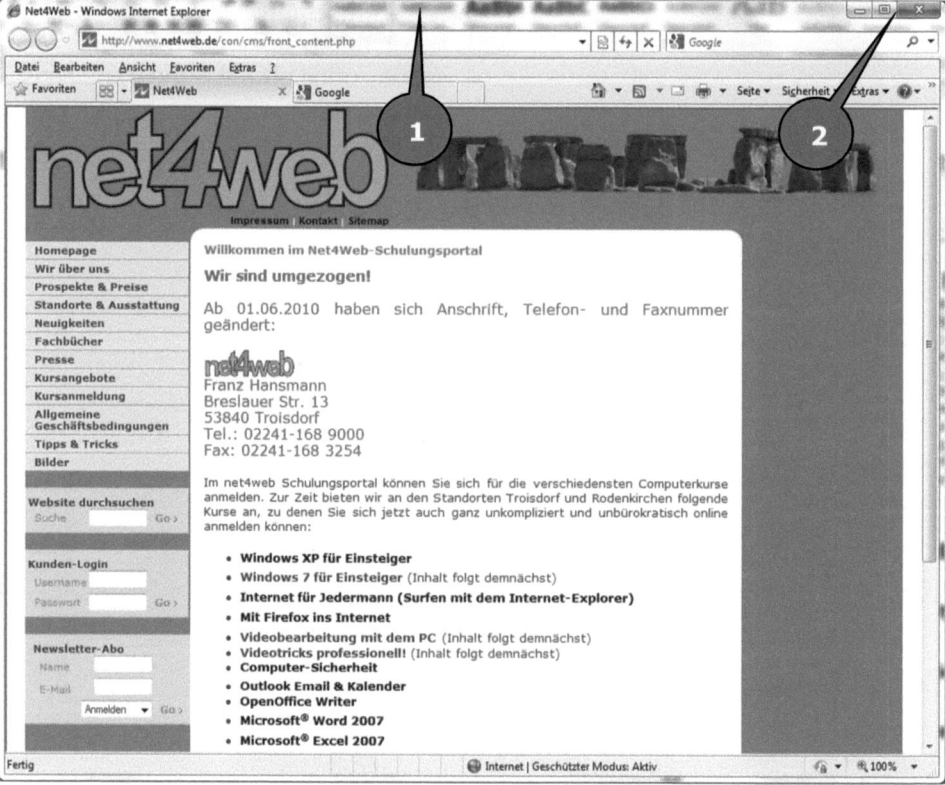

Wichtig für alle Fenstermanipulationen sind die vier äußersten Linien des Fensters, die vier Ecken, die Kopfzeile des Fensters (Pfeil 1, vorherige Seite), sowie die drei kleinen Symbole in der rechten oberen Ecke der Kopfzeile (Pfeil 2, vorherige Seite). Gehen wir mal davon aus, dass das Fenster im Moment die maximal verfügbare Größe des Desktops einnimmt. Sie möchten an ein Piktogramm auf dem Desktop, dass im Moment leider durch diese Fenster verdeckt ist. Sie könnten das Fenster schließen, in dem Sie auf das rote Feld mit dem 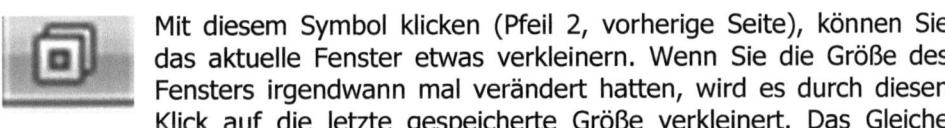 weißen X klicken, wie Sie es schon im Kapitel *Programme beenden* gelernt haben. Wenn Sie gleich darauf mit dem Fenster weiter arbeiten wollen, wäre das höchst uneffektiv. Es geht auch anders.

Fenster vergrößern/verkleinern/minimieren

 Um dieses zurzeit maximierte Fenster zu verkleinern, können Sie z.B. auf das so genannte Minimieren-Symbol klicken (Pfeil 2, vorherige Seite). Dabei wird das Fenster geschlossen aber das Programm nicht beendet. Das ist so, als ob Sie auf das Desktop-Symbol klicken. Mit dem Unterschied, dass es hier nur für das aktuelle Fenster gilt. In der Taskleiste bleibt das zum Fenster gehörende Symbol gehighlighted. Ein Klick auf dessen Schaltfläche und das Fenster ist wieder da.

Mit diesem Symbol klicken (Pfeil 2, vorherige Seite), können Sie das aktuelle Fenster etwas verkleinern. Wenn Sie die Größe des Fensters irgendwann mal verändert hatten, wird es durch diesen Klick auf die letzte gespeicherte Größe verkleinert. Das Gleiche erreichen Sie, in dem Sie einen schnellen Doppelklick in die Kopfzeile machen. Ich bevorzuge diese Methode, da die Kopfzeile viel größer ist als dieses Symbol. Man haut nicht so schnell daneben ☺.

Ist das Fenster nicht auf Maximalgröße, sieht das mittlere Symbol (Pfeil 2, vorherige Seite) so aus. Klicken Sie erneut darauf, wird das Fenster wieder maximiert. Ebenso, wenn Sie einen erneuten Doppelklick in die Kopfzeile machen. Dieses Symbol wird auch das Maximieren-Symbol genannt.

Fenster-Proportionen ändern

Die Fensterproportionen zu ändern bedeutet, dass man das Höhen- Breitenverhältnis des Fensters verändert. Dazu stehen Ihnen mehrere Anfasser, die man so meist gar nicht als solche erkennt zur Verfügung. Wenn Sie den Mauszeiger genau auf die Außenlinie eines Fensters bewegen (sehr exakt!), verändert sich der Mauszeiger zu einem weißen Doppelpfeil. Sind Sie auf der linken oder rechten Außenlinie, zeigen die Pfeilspitzen nach links und rechts. Sind sie auf der oberen oder unteren Außenlinie, zeigen die Pfeilspitzen nach oben und unten. Jetzt können Sie die linke Maustaste gedrückt halten und die Linie entsprechend den Pfeilrichtungen bewegen, indem Sie die Maus in die entsprechende Richtung schieben. So können Sie aus jeder Richtung Höhe oder Breite des Fensters verändern. Die vier Ecken des Fensters sind auch solche Anfasser. Sind Sie genau auf einer der Ecken drauf, wird der Mauszeiger zu einem Diagonalen Doppelpfeil. Damit können Sie dann die Höhe und Breite des Fensters gleichzeitig verändern. Im nebenstehenden Bild habe ich Ihnen alle drei möglichen Doppelpfeile dargestellt, damit Sie sehen, wie diese aussehen und wo Sie mit dem Mauszeiger hin müssen.

Diese Art der Größenänderung von Fenstern funktioniert nicht mit jedem Fenster. Es gibt durchaus Fenster, deren Größe sich nicht ändern lässt. Einige davon lernen Sie noch in der Systemsteuerung von Windows 7 kennen. Versuchen Sie dort mal vom Programm *Maus* die Größe des Fensters zu ändern. Wie Sie an dem Beispielbild auf dieser Seite sehen, kann man Fenster schon ziemlich klein machen. Aber Sie bekommen es nie auf die Größe null. Es wird immer in einer Mindestgröße bleiben, die es Ihnen ermöglicht, dass Fenster auch wieder größer zu machen. Ach ja. Und ein Fenster kann auch nicht größer sein, als die zur Verfügung stehende Monitorfläche.

Fenster verschieben

Ist ein Fenster erst einmal verkleinert, dann können Sie es auch hin und her schieben. Dazu bewegen Sie den Mauszeiger irgendwo in die Kopfzeile. Wenn Sie jetzt die linke Maustaste gedrückt halten, können Sie das Fenster an eine andere Stelle bewegen. Es kann sogar teilweise aus dem sichtbaren Bereich geschoben werden. Aber nie ganz heraus. Sie können es immer wieder zurückziehen.

Fenstergröße und –Position gleichzeitig ändern

Mit Windows 7 wurden was die Fensterveränderung angeht einige Neuerungen eingeführt, die die Arbeit damit etwas beschleunigen. Gehen wir wieder davon aus, dass unser Fenster maximiert ist. Bewegen Sie den Mauszeiger in die Kopfzeile, halten Sie die linke Maustaste gedrückt und bewegen Sie jetzt die Maus in Richtung Bildschirmmitte. Das führt zwei Funktionen gleichzeitig aus. Zum einen wird das Fenster verkleinert, nur so kann es verschoben werden, und zum anderen können Sie es jetzt frei bewegen. Lassen Sie die Maustaste los, wird das Fenster an dieser Position abgelegt. Der nächste Tipp benötigt etwas Übung. Wollen Sie das Fenster wieder maximieren, können Sie auch statt eines Doppelklicks auf die Kopfzeile den Mauszeiger in die Kopfzeile bewegen. Halten Sie die linke Maustaste gedrückt und bewegen Sie den Mauszeiger jetzt schnell zum oberen Bildschirmrand. In dem Moment, wenn die Kopfzeile den Bildschirmrand erreicht, lassen Sie die linke Maustaste los. Wenn das Timing gestimmt hat, sollte das Fenster nun wieder in voller Größe vor Ihnen sein. Wenn nicht, sollten Sie das noch ein paar Mal üben. Wird schon klappen.

Zwischen verschiedenen Fenstern umschalten

Sie können immer nur in einem Fenster aktiv arbeiten. Das heißt nicht, dass Windows nur mit einem Programm gleichzeitig arbeiten kann. Ganz im Gegenteil. Aber wir als Mensch können immer nur mit einem Programm gleichzeitig interagieren. Nehmen wir mal an, Sie haben mehrere Fenster geöffnet und möchten ein anderes als das Aktuelle im Vordergrund haben. Wenn Sie alle Fenster verkleinert haben, brauchen Sie nur in das gewünschte Fenster zu klicken um dieses in den Vordergrund zu holen. Wenn das aber verdeckt ist, geht die Fummelei los. Fenster verschieben, verkleinern usw. Dabei geht es ganz einfach. In der Taskleiste sehen Sie ja für jedes laufende Programm dessen gehighlightetes Piktogramm. Klicken Sie dieses mit der Maus einmal an, kommt dieses Fenster in den Vordergrund und Sie können darin arbeiten. Haben Sie das Programm mehrfach gestartet, erkennt man das richtige Fenster erst auf

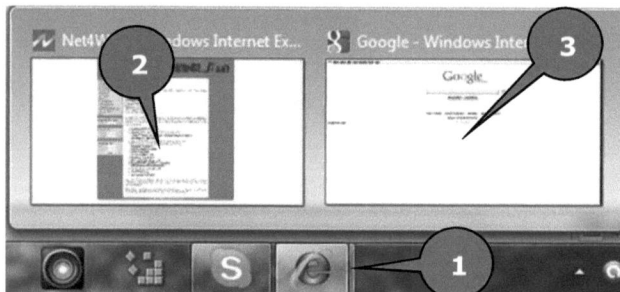

den zweiten Blick. Sehen wir uns dazu mal das Symbol des Internet-Explorers in meiner Taskleiste an. An der Doppellinie (Pfeil 1) erkennen Sie, dass das Programm zwei Fenster hat. Lasse ich den Mauszeiger auf diesem Piktogramm verweilen, erscheinen Miniaturen der beiden Fenster (Pfeile 2 & 3). Klicken Sie einfach einmal auf das gewünschte Miniaturfenster und schon haben Sie es im Vordergrund.

Fenster anordnen

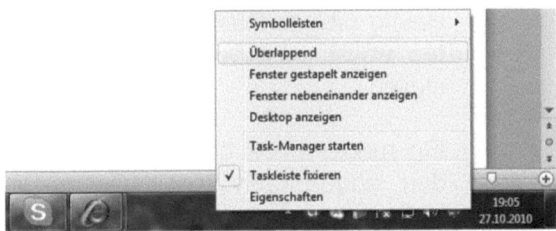

Wenn viele Fenster geöffnet sind, kann man schon mal die Übersicht verlieren. Um sich einen schnellen Überblick zu verschaffen machen Sie im leeren Bereich der Taskleiste einen kurzen Rechtsklick mit der Maus. Darin finden Sie mehrere Befehle für die Anordnung von Fenstern. **Überlappend, Fenster gestapelt anzeigen** oder **Fenster nebeneinander anzeigen**. Egal wofür Sie sich entscheiden, die Fenster werden sofort Ihrem Wunsch entsprechend angeordnet. Hier sehen Sie ein Beispiel für **Fenster nebeneinander anzeigen**. Ein Klick in das gewünschte Fenster aktiviert es und Sie können es dann natürlich auch wieder maximieren, wenn Sie möchten.

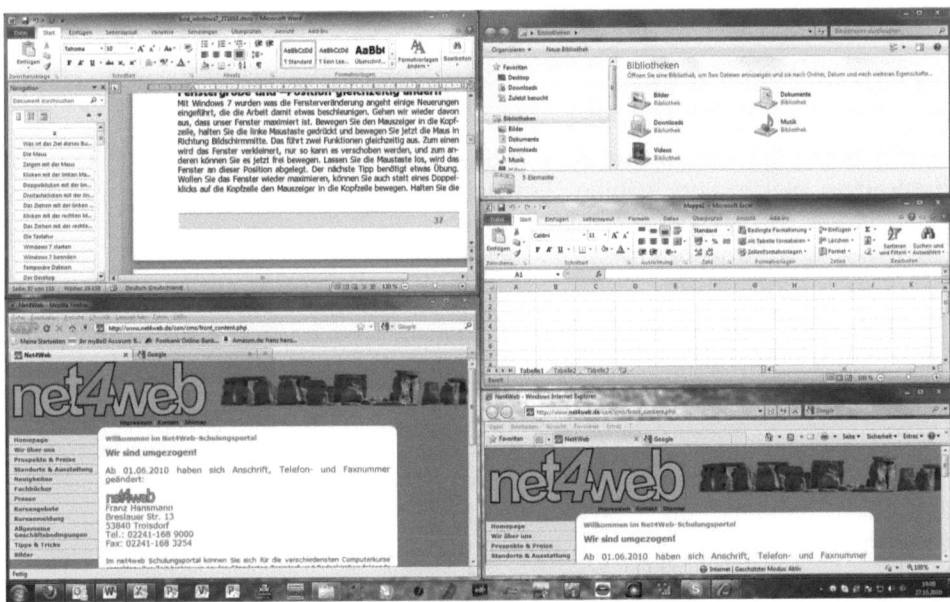

Fensterelemente

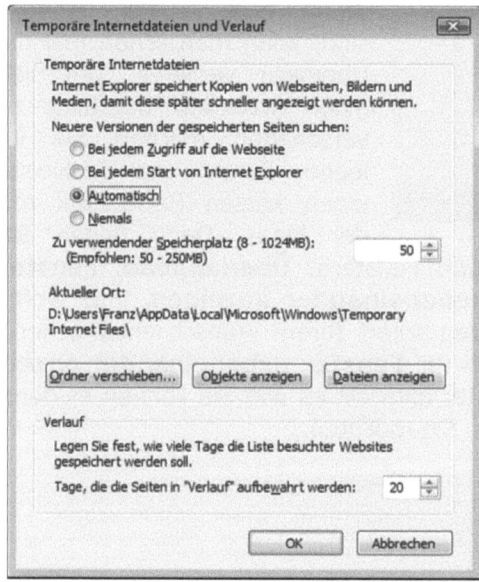

Häufig gibt es alternative Möglichkeiten etwas auszuwählen bzw. einzustellen.

Ein runder Kreis bedeutet, dass von den angezeigten Möglichkeiten jeweils <u>nur eine einzige</u> eingestellt werden kann.

Klicken Sie auf **Niemals** verschwindet der Punkt bei **Automatisch**.

Häufig kann man jedoch **mehrere Möglichkeiten** gleichzeitig wählen. Ein Beispiel finden Sie im Internet-Explorer in der Funktion **Extras/Internetoptionen.**
Sie finden dort vor jedem Befehl kleine Kästchen. Ist das Kästchen leer, wird bei einem Klick mit der linken Maustaste auf eben dieses Kästchen aktiviert. Das erkennen Sie daran, dass dann ein Häkchen in dem Kästchen ist. Umgekehrt lässt sich natürlich die Funktion auch deaktivieren. Ist nämlich ein Häkchen vorhanden, führt ein Klick darauf dazu, dass das Häkchen entfernt und damit die Funktion deaktiviert ist.

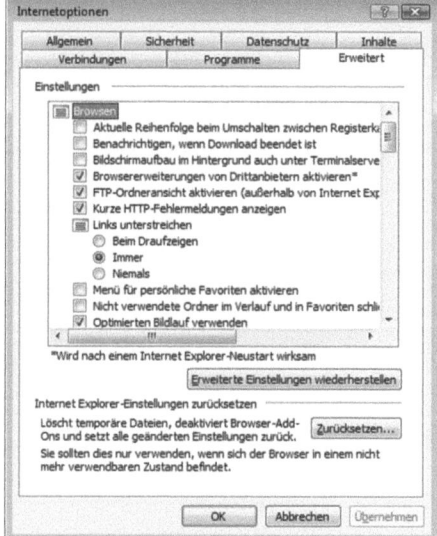

In **Eingabefelder** können Buchstaben oder Zahlen über die Tastatur eingegeben werden. Manchmal befindet sich die Schreibmarke, in der EDV *Cursor* genannt, schon im entsprechenden Feld. Manchmal müssen Sie das Eingabefeld auch erst anklicken, bevor Sie schreiben können.

Bei **Zahlenfeldern** finden Sie häufig kleine Dreiecke, mit denen Sie die Zahl um jeweils 1 vergrößern oder verkleinern können. Die Zahl lässt sich meist auch direkt schreiben. Dazu muss man die Zahl doppelklicken, so dass sie markiert ist. Dann kann man über die Tastatur direkt eine Zahl eingeben.

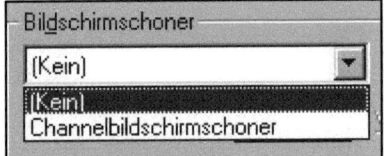

Listenfelder bieten in einem Fenster eine Auswahl an Möglichkeiten. Hier klicken wir erst auf den Pfeil und dann in die Zeile, die wir benötigen.

Sehr häufig sind die Auswahlmöglichkeiten größer als das Fenster, in dem sie aufgeführt werden. Dann erhalten Sie automatisch eine Bildlaufleiste mit dem Rollbalken.

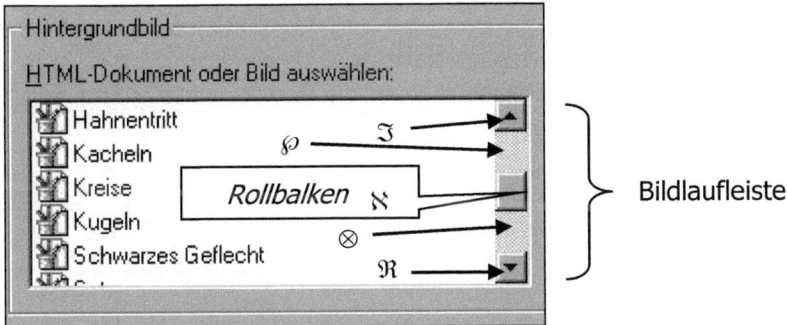

Fünf verschiedene Varianten gibt es, den Inhalt des Fensters zu verschieben, um an alle Einträge heranzukommen.

Da ist zunächst einmal der Rollbalken אּ selbst. Wenn Sie ihn anklicken und bei gedrückter linker Maustaste nach unten ziehen, kommen Sie zu den unteren

Einträgen. Schieben Sie ihn nach oben, kommen Sie an den Anfang. Dabei sind die Einträge in aller Regel alphabetisch sortiert.

Sie können den Rollbalken aber auch nach oben bewegen, wenn Sie auf das obere Begrenzungsdreieck ʒ klicken. Die Einträge werden zeilenweise nach oben geschoben. Mit dem unteren Begrenzungsdreieck ℜ werden die Einträge zeilenweise nach unten geschoben.

Wenn Sie in die Zwischenräume zwischen den Rollbalken und den Begrenzungsdreiecken klicken, werden die Einträge um eine Fensterhöhe nach oben oder unten geschoben.

Dieses Bewegen in den Anzeigefenstern kann auch mit der Tastatur geschehen. Die Möglichkeiten ʒ und ℜ können durch die Tasten **Z** und **Y** realisiert werden. Die Möglichkeiten ℘ und ⊗ können durch die Tasten Bild ↑ und Bild ↓ erreicht werden.

Da manche Einstellmöglichkeiten so vielzählig sind, werden sie zu Gruppen in den so genannten **Registerkarten** zusammengefasst.

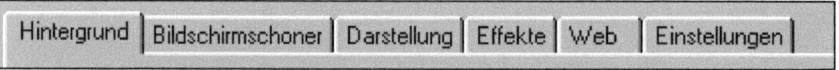

Durch klicken auf den Namen der Registerkarte wird diese aktiviert, d.h. in den Vordergrund gebracht. In unserem Beispiel ist es die Registerkarte Hintergrund. Ich liebe solche Wortspielereien ☺.

Die Registerkarten Bildschirmschoner, Darstellung, Effekte, Web und Einstellungen befinden sich dann im Hintergrund.

Wie funktioniert das mit den Ordnern auf einer Festplatte?

In meinen Computerkursen merke ich immer wieder, dass sich viele Leute schwer damit tun, sich eine Ordnerstruktur auf einer Festplatte vorzustellen. Ich erkläre das immer im Vergleich zwischen einer Festplatte und einem Kleiderschrank. Nehmen wir mal an, Ihr Kleiderschrank wäre die Festplatte. Dieser Kleiderschrank hat drei Türen. Das wären dann schon mal drei Ordner. Hinter jeder dieser Türen gibt es mehrere Fächer. Das wären die Unterordner. In diesen Fächern haben Sie kleine Kartons stehen. Das wären dann schon Unterordner in den Unterordnern. Die Festplatte hat gegenüber Ihrem Kleiderschrank nur einen Unterschied. Ihrer Festplatte ist es völlig egal, wie viel in jedem Fach/Ordner drin ist. Sie können einen oder viele Ordner haben. In jedem Ordner kann nichts, viel, wenig oder alles an Daten enthalten sein. Das könnte man am ehesten noch mit Luftballons vergleichen. Stellen Sie sich einfach vor, Sie hätten alle Fächer, Schubladen und Schachteln aus Ihrem Kleiderschrank ausgeräumt und stattdessen jede Menge Luftballons hineingelegt. Jeder Luftballon entspricht dabei einem Ordner auf Ihrer Festplatte. Sie können jetzt einen Luftballon aufblasen, also einen Ordner mit Daten füllen oder viele Luftballons mit Luft füllen. Die Obergrenze ist erreicht, wenn das Volumen des Kleiderschranks völlig ausgeschöpft ist. Dabei spielt es keine Rolle, wie viel Luft in jedem einzelnen Ballon ist. Entscheidend ist nur das Gesamtvolumen. Bei der Festplatte ist es genauso.

In den folgenden Kapiteln werden Sie durch zahlreiche Funktionen des Windows-Explorers geführt. Ich habe mir gedacht, dass ich Ihnen diese Funktionen anhand von Fotos erkläre. Zum einen bin ich der festen Überzeugung, dass Sie über kurz oder lang Fotos auf Ihrem PC sammeln werden, zum anderen finde ich es besser, wenn man etwas aussagekräftiges sieht, was man sich gut vorstellen kann, anstatt mit irgendwelchen abstrakten Dateigebilden herum zu hantieren, zu denen der Einsteiger noch keinen Bezug hat.

Alles was in den Kapiteln über den Windows-Explorer und die Verarbeitung von Fotos steht, gilt so auch für jede andere Form von Dateien. Es spielt überhaupt keine Rolle, ob Sie das mit Fotos, Videos, Musik, Text- oder Tabellendokumenten machen. Die Technik ist immer die Gleiche.

Der Windows-Explorer

Der Windows-Explorer ist das zentrale Kopier- und Dateiverwaltungsprogramm unter Windows. Sie sollten ihn nicht mit dem Internet-Explorer verwechseln. Das ist ein ganz anderes Programm. Es gibt mehrere Wege den Windows-Explorer zu starten. Der klassische Weg ist der über **Start/Alle Programme/Zubehör/Windows-Explorer**. Ein steiniger Weg. Das sind einfach zu viele Klicks und Maus-Bewegungen finde ich.

Der Vorteil ist der, dass der Windows Explorer sofort den Ordner **Bibliotheken** (Pfeil 1) vorauswählt und dessen Inhalt anzeigt.

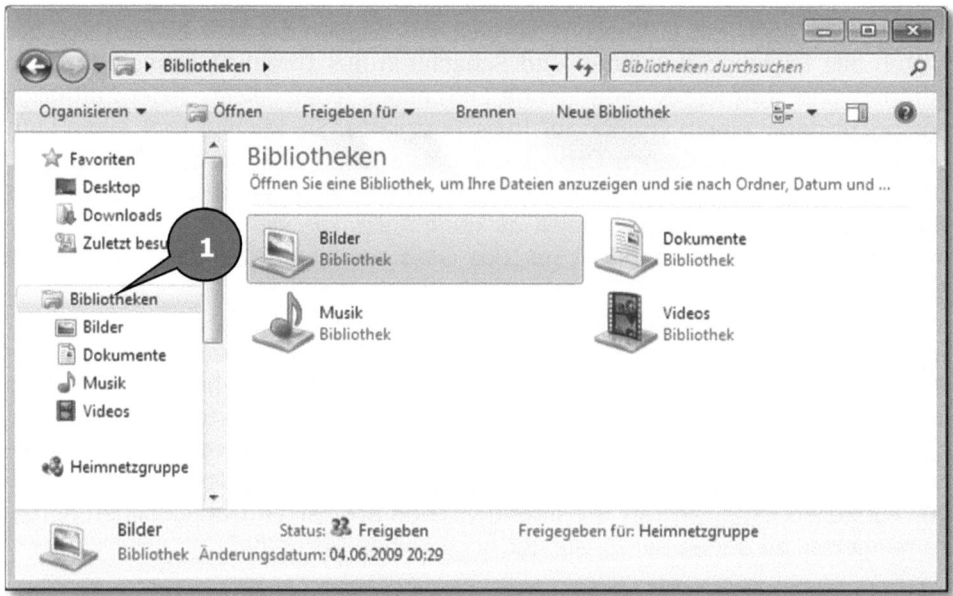

Es gibt eine wesentlich schnellere Methode den Windows-Explorer zu starten. Bewegen Sie den Mauszeiger links unten auf den **Start**-Knopf (Pfeil 2) und drücken Sie einmal ganz kurz auf die rechte Maustaste. Darauf-

hin erscheint ein kleines Befehlsmenü, ein sogenanntes Kontextmenü. Bewegen Sie den Mauszeiger auf den Befehl **Windows-Explorer öffnen** (Pfeil 3, vorherige Seite) und klicken Sie einmal kurz auf die linke Maustaste. Schon wird der Windows-Explorer gestartet.

Es gibt noch eine dritte Methode, die sich einzusetzen lohnt, wenn man den Windows-Explorer öfter benötigt. Man kann dieses Programm nämlich, wie jedes andere auch, an die Taskleiste von Windows 7 anheften. Das hat den Vorteil, dass Sie zukünftig die Schaltfläche für den Programmstart immer im Blick haben und das Programm mit einem einzigen Mausklick auf das Piktogramm starten können. Dazu gehen Sie folgendermaßen vor: Starten Sie zunächst den **Windows-Explorer**. Bewegen Sie nun den Mauszeiger auf dessen Piktogramm in der Taskleiste (Pfeil 1). Drücken Sie einmal kurz die rechte Maustaste und wählen Sie den Befehl **Dieses Programm an Taskleiste anheften** (Pfeil 2) per Linksklick aus.

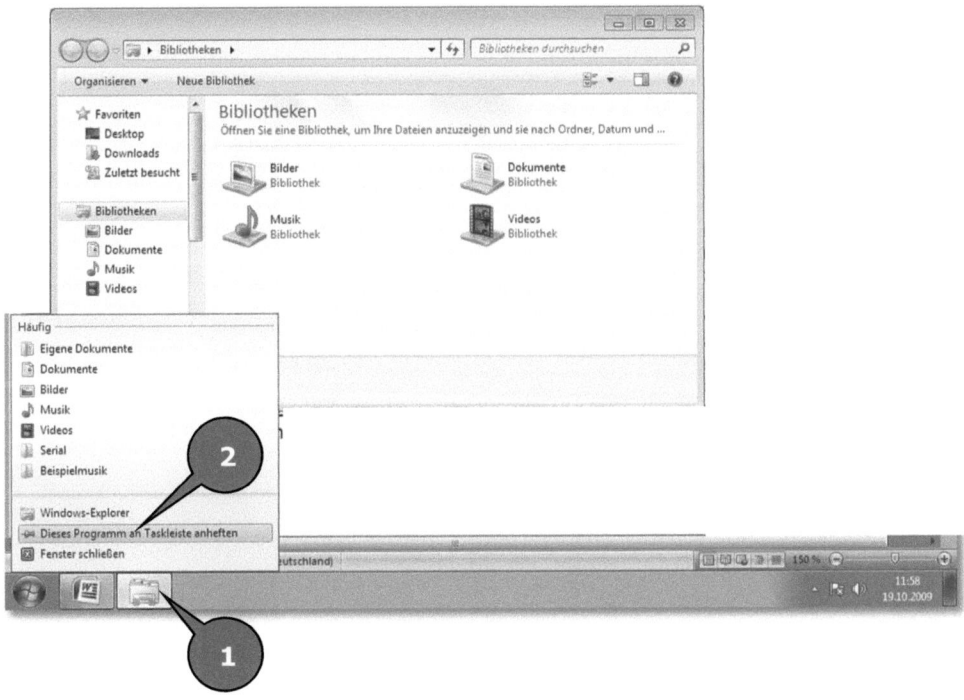

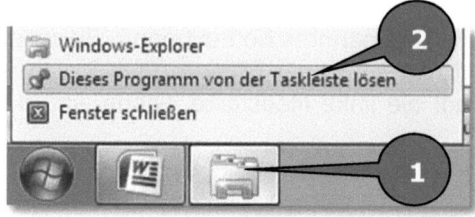

Künftig wird das **Windows-Explorer**-Piktogramm schon beim Windows-Start an dieser Stelle erscheinen. Wenn Sie den Windows-Explorer oder ein anderes Programm nicht mehr in der Taskleiste haben wollen, können Sie es auch wieder von da entfernen. Dazu bewegen Sie den Mauszeiger auf das entsprechende Piktogramm (Pfeil 1), drücken einmal kurz die linke Maustaste und wählen den Befehl **Dieses Programm von der Taskleiste lösen** (Pfeil 2) per Linksklick aus.

Schauen Sie sich die linke Seite des Windows-Explorers mal genau an. Wenn Sie sich mit dem Mauszeiger der linken Spalte des Windows-Explorers nähern, erscheinen links neben den Ordnernamen kleine Dreiecke. Die schwarzen Dreiecke zeigen dabei nach rechts unten (Pfeil 3) und die transparenten Dreiecke zeigen nach rechts (Pfeil 4).

Das schwarze Dreieck zeigt Ihnen an, dass der Ordner „aufgeklappt" ist. D.h. die Ordner die darunter aufgelistet sind und etwas nach rechts versetzt sind, sind Unterordner dieses Hauptordners. Ein transparentes Dreieck zeigt Ihnen an, dass sich in diesem Ordner noch mindestens ein Unterordner befindet, den Sie aber zur Zeit nicht sehen können, weil dieser Ordner mit dem transparenten Dreieck nicht „aufgeklappt" ist. Um nun zu sehen, was in diesem Ordner verborgen ist, müssen Sie lediglich einmal auf das kleine transparente Dreieck klicken. Das klappt den Ordner auf und Sie sehen alle Unterordner etwas nach rechts versetzt. Aus dem transparenten Dreieck ist jetzt ein schwarzes Dreieck geworden. Der Ordner ist ja jetzt auch aufgeklappt. Je nachdem, wie viele Ordner man hat und wie viele davon aufgeklappt sind, wird die Sache ziemlich unübersichtlich. Deshalb können Sie die Ordner bei Bedarf natürlich auch wieder „zuklappen". Dazu müssen Sie nur einmal auf das entsprechende schwarze Dreieck klicken.

Im linken Beispielbild sehen Sie den Ordner **Bibliotheken** aufgeklappt. Alle anderen Ordner sind zugeklappt.

In diesem Bild sind neben dem Ordner **Bibliotheken** auch die Ordner **Bilder** und **Dokumente** aufgeklappt.

Je nachdem, wie tief Sie die Ordnerstruktur anlegen, werden die Ordnernamen in der linken Spalte des Windows-Explorers abgeschnitten. Das ist natürlich nicht besonders hilfreich für die Orientierung ☺. Damit Sie die Übersicht wieder verbessern können, können Sie die Breite der linken Spalte variieren. Dazu bewegen Sie den Mauszeiger genau auf die Trennlinie zwischen linker und rechter Spalte (Pfeil 1). Jetzt können Sie diese Trennlinie mit gedrückter linker Maustaste horizontal verschieben.

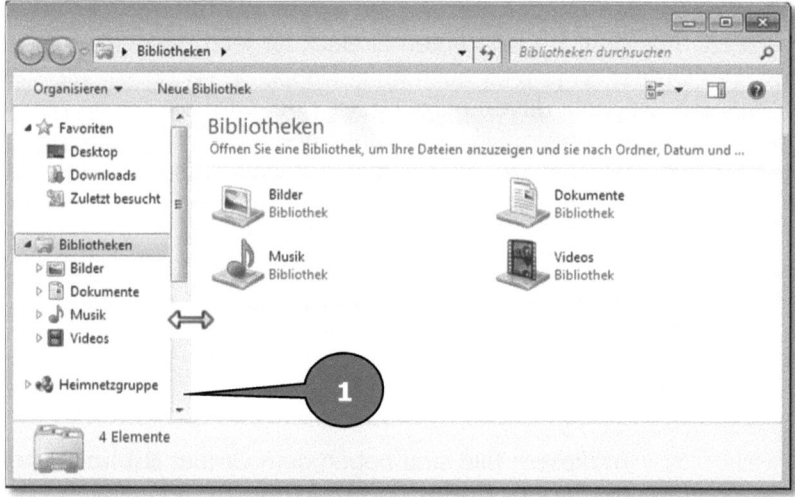

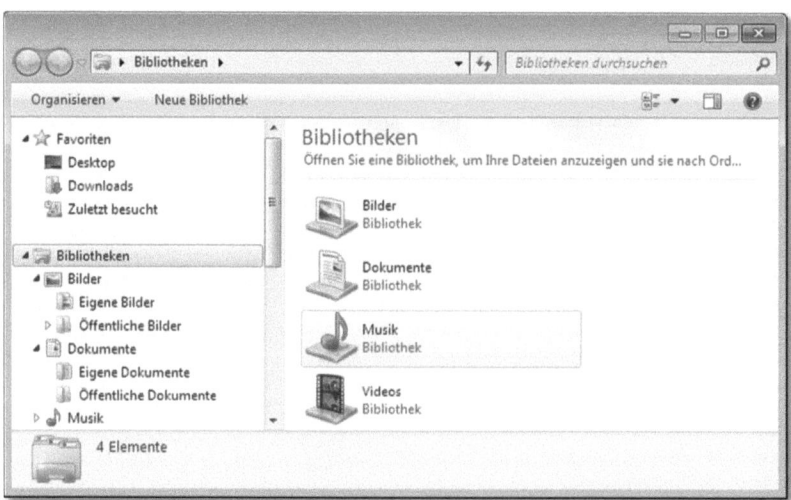

Wir möchten uns den Ordner **Bibliotheken/Bilder/Eigene Bilder** mal von innen ansehen. Um nun diesen Ordner zu aktivieren, klicken Sie in der linken Ordnerleiste einmal auf dessen Symbol (Pfeil 1).

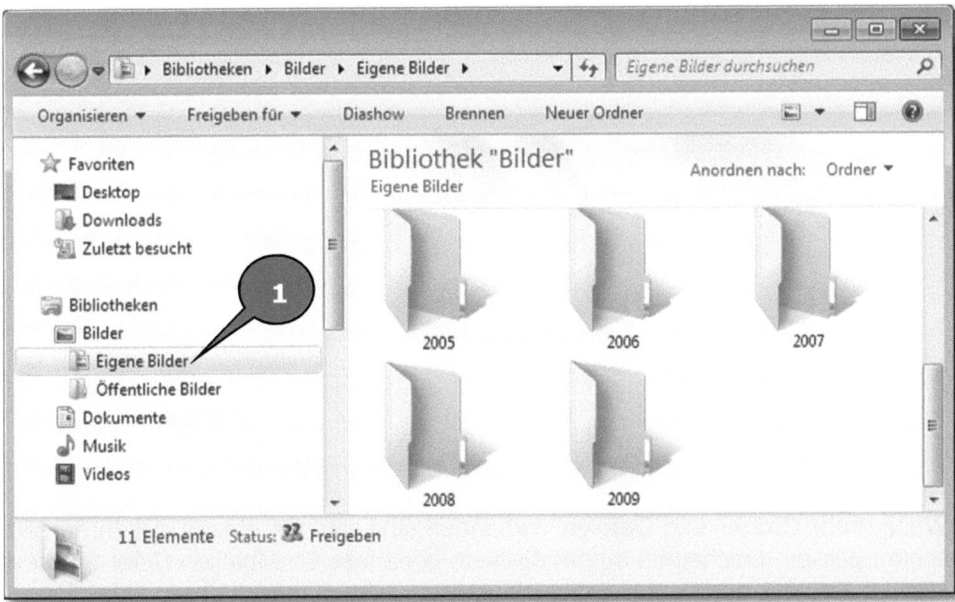

Damit sehen Sie auf der rechten Seite des Windows-Explorers alle Unterordner und auch, falls vorhanden einzelne Dateien, die nicht in Unterordnern sind. Auf der linken Seite des Windows-Explorers müssen Sie einen Ordner nur einmal anklicken, um in diesen Ordner hinein zu gelangen. Sie sehen dann dessen Inhalt auf der rechten Seite dieses Fensters. Auf der rechten Seite des Windows-Explorers können Sie auch in einen Unterordner wechseln. Dazu müssen Sie diesen aber doppelklicken. D.h. Sie müssen zweimal schnell hintereinander auf die linke Maustaste drücken. Und dabei darf die Maus auch nicht um ein Pixelchen verrutschen.

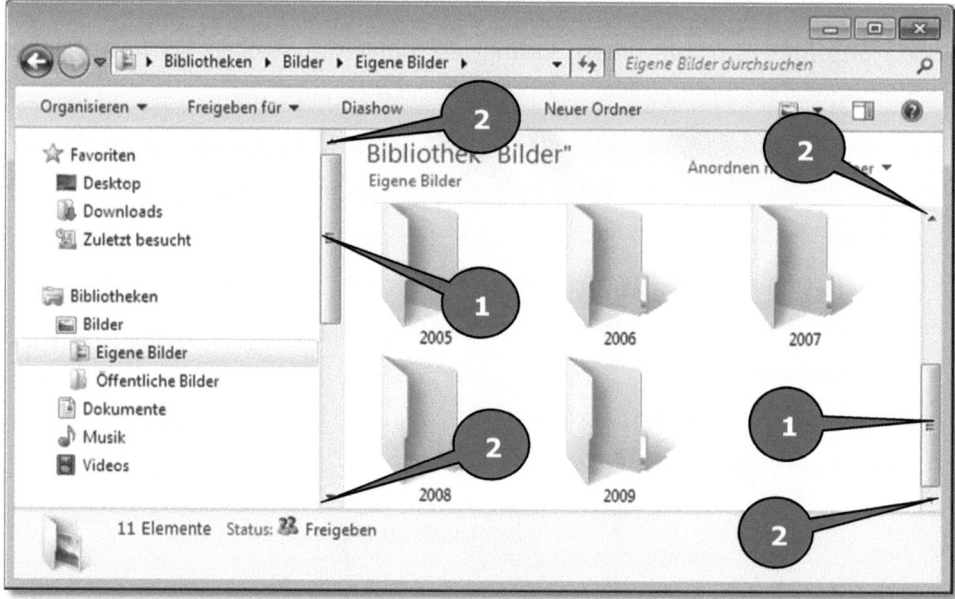

Wenn mehr Ordner und Dateien vorhanden sind, als auf einmal auf Ihren Bildschirm passen, erscheinen automatisch so genannte Scrollbalken (Pfeil 1). Diese können Sie, mit gedrückter linker Maustaste, schnell verschieben. Oder Sie klicken auf die Pfeile an den Enden der Scrollbalken (Pfeil 2) um den Balken schrittweise zu verschieben.

Bibliotheken

Der Ordner **Bibliotheken** ist der zentrale Sammelplatz für alle Ihre Daten. Das hat einige Vorteile. Zum einen finden Sie den Ordner im **Windows-Explorer** immer sehr schnell, da er, in der linken Spalte immer in zentraler Position angezeigt wird. Im Ordner **Bibliotheken** befinden sich bereits vorinstallierte Unterordner wie etwa **Bilder**, **Dokumente**, **Musik** und **Videos**. Dazu können Sie sich beliebige neue Unterordner anlegen. Z.B. **Downloads**, **Kalkulationen**, **Präsentationen** usw. Die Ordner sollten sinnvolle Namen bekommen, damit Sie als Anwender, auch nach längerer Zeit sofort assoziieren können, was sich in diesem Ordner befindet. Wenn Sie eine Datensicherung durchführen, und das sollten Sie von Zeit zu Zeit tun, wissen Sie, dass Sie den gesamten Inhalt des Ordners **Bibliotheken** sichern müssen. So können Sie nie Daten vergessen zu sichern.

Namenskonventionen

Solange Sie Ihre Daten ausschließlich auf Windows-Systemen benutzen wollen, können Sie verhältnismäßig flexibel bei der Namensvergabe sein. Sie können die Buchstaben von a-z, A-Z, deutsche Umlaute wie äÄöÖüÜ und ß, die Zahlen von 0-9, den Punkt ., den Bindestrich (Minus-Zeichen) -, den Unterstrich _ und auch Leerzeichen benutzen. Auch Sonderzeichen aus der Reihe über den Zahlen auf Ihrer Tastatur sind teilweise möglich. Und sogar das @ und der € sind erlaubt. Der Schrägstrich / (Slash) geht allerdings nicht. Und der Backslash \ auch nicht.

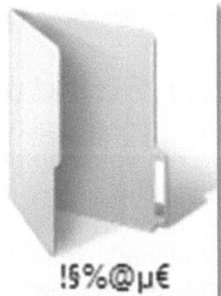

Es hat sich allerdings bewährt, sich bei der Zeichenauswahl etwas zu beschränken. Und das aus gutem Grund. Sobald Sie Ihre Daten, ich rede hier nicht nur von Fotos, auf einem anderen Computersystem benutzen wollen, kann und wird es zu Problemen kommen. Sagen Sie jetzt nicht, Sie würden Ihre Daten nur auf Ihrem PC benutzen ☺. Haben Sie einen DVD-Spieler im Wohnzimmer? Wenn

Sie dort eine CD oder DVD einlegen, auf der sich nur Fotos befinden, wird dort eine Dia-Show gestartet. Das funktioniert aber nur dann, wenn die Datei- und Ordnernamen ein ganz bestimmtes Aussehen haben. Es dürfen nämlich nur die Zeichen a-z, A-Z, 0-9 und der Unterstrich _ (Shift-Bindestrich) als Namen benutzt werden. Keine Umlaute, keine Sonderzeichen und auch keine Leerzeichen.

Welche Namen sind sinnvoll?

Das ist leicht zu beantworten. Zum einen sollten Namen immer einen Bezug zum Inhalt der Datei oder des Ordners haben. Zum anderen sollten Sie kompatibel zu anderen Computersystemen sein. Wann weiß schließlich nie, was man damit mal machen will. Und dann wäre es auch nicht verkehrt eine Zeitinformation, also z.B. das Datum, mit in dem Namen unterzubringen. Ein sinnvoller Ordnername für Fotos wäre etwa **Meine_Geburtstagsparty_260610**. Der vordere Teil erklärt, um welchen Anlass es geht. Der hintere Teil des Namens ist das Datum in sechsstelliger Form (TTMMJJ). Und damit ich kein Leerzeichen verwenden muss, um eine optische Trennung zwischen den Informationsblöcken zu haben, benutze ich den Unterstrich. Das ist sehr übersichtlich und gleichzeitig informativ.

Wo sollen die Fotos hin?

Windows 7 bringt schon einen passenden Speicherort mit. Im Ordner **Bibliotheken** ist bereits ein Unterordner **Bilder** und darin ein weiterer Unterordner Namens **Eigene Bilder**. Wenn Sie sich immer daran halten, werden Sie zukünftig Ihre Fotos immer schnell und sicher wiederfinden.

Eine bewährte Ordner-Struktur

Ich wollte zweierlei bei meiner Ordner-Struktur erreichen. Erstens wollte ich schon am Namen erkennen, wo die Fotos aufgenommen wurden und zweitens wann. Meine Eltern haben zahlreiche Fotos in einem Schuhkarton. Und Sie können mir glauben, dass die Erinnerungen daran, wo und wann ein Foto aufgenommen wurde, recht lückenhaft sind. Dummerweise hat auch niemand was auf die Rückseite der Fotos geschrieben. Das sollte mir nicht passieren. Zunächst habe ich Jahresordner angelegt. Die heißen einfach 1999, 2000, 2001 usw. In diesen Jahresordnern sind Unterordner für jedes Ereignis, bei dem ich fotografiert habe. Diese Ereignis-Unterordner haben nicht nur eine namentliche Beschreibung, sondern enthalten auch das Datum der Aufnahmen in Ihrem Namen. Die Datum-/Zeitinformationen sind zwar in jedem Foto gespeichert, können aber beim unachtsamen Umkopieren, z.B. auf eine CD, verloren gehen.

Beim CD-brennen kann man nämlich festlegen, welches Datum die Dateien erhalten sollen. Da reicht schon ein versehentlicher Klick und die Information ist unwiderruflich verloren. Das Hinzuschreiben des Datums kostet nun auch nicht wirklich viel Zeit. Früher habe ich übrigens das Datum nach vorne gesetzt. Und zwar nach diesem Muster: JJMMTT, also Jahr-Monat-Tag. Das hatte den Vorteil, dass die Unterordner exakt chronologisch in jedem Jahresordner waren. Das hat sich bei mir aber nicht bewährt. Wenn jemand ein Foto von mir haben wollte, hat er nämlich nie gefragt, ob ich ein Foto von diesem oder jenem Datum hätte, sondern immer, ob ich eines von dieser oder jener Veranstaltung hätte.

Beliebige Ordner selber anlegen

So. Schluss mit der grauen Theorie. Jetzt müssen Sie selber Ordner anlegen. Sie sollen im Ordner **Eigene Bilder** einen Unterordner **2009** und darin einen Unterordner **Cornwall_100409** anlegen. Klicken Sie dazu zunächst links im Windows-Explorer auf **Bibliotheken/Bilder/Eigene Bilder**. Sie sehen jetzt auf der rechten Seite den Inhalt dieses Ordners. Er enthält, in diesem Beispiel, bereits die Jahresordner 1999-2008 und weitere Unterordner. Denken Sie daran: Auf Ihrem PC sieht das wahrscheinlich anders aus. Noch ☺.

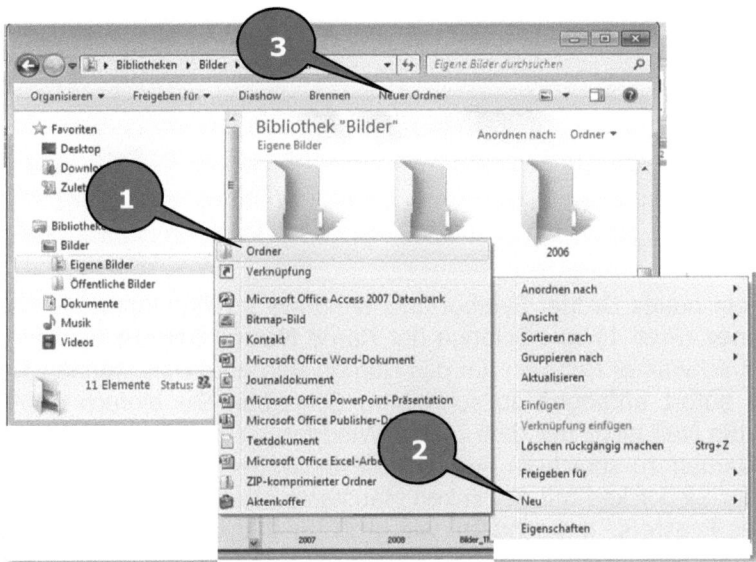

Bewegen Sie den Mauszeiger auf der rechten Seite des Windows-Explorer irgendwohin, wo keine Symbole von Ordnern oder Dateien sind. Meist ist dort mehr leere weiße Fläche als alles andere. Drücken Sie jetzt einmal ganz kurz auf die rechte Maustaste um das Kontextmenü zu öffnen. Gehen Sie mit dem Mauszeiger auf den Befehl **Neu** (vorherige Seite, Pfeil 1). Warten Sie, bis seitlich ein weiteres Menü aufklappt. Bewegen Sie den Mauszeiger exakt in dem blauen Balken von Neu bis in das neue Menü. Klicken Sie dort mit der linken Maustaste einmal auf den Befehl **Ordner** (vorherige Seite, Pfeil 2).

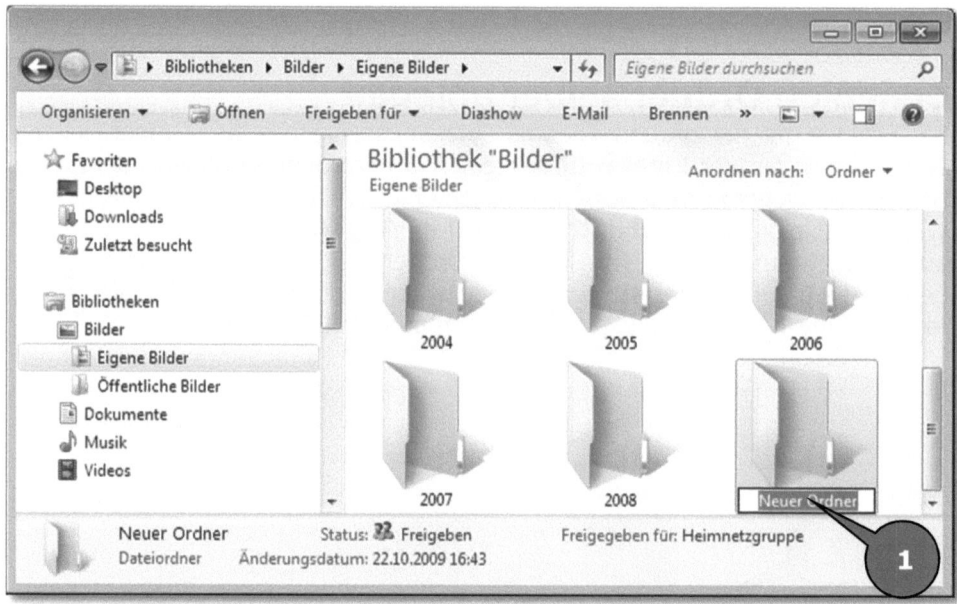

Sofort erscheint ein neues Ordner-Symbol und Windows schlägt Ihnen als Namen **Neuer Ordner** (Pfeil 1) vor. Solange der Name **Neuer Ordner** blau hinterlegt ist und ein schwarzer Rahmen um das Namensfeld erscheint, können Sie auf der Tastatur sofort anfangen zu schreiben. Schreiben Sie einfach 2009. Verwechseln Sie die Null nicht mit dem o. Für Windows ist das nicht dasselbe! Um den neuen Namen zu speichern, können Sie entweder einmal die **Enter**-Taste drücken oder Sie klicken mit der linken Maustaste einmal irgendwo in den leeren Bereich des Fensters. Je nachdem, wie groß Ihr Bildschirm ist, erscheint in der Menüleiste auch ein Befehl **Neuer Ordner** (Pfeil 3 vorherige Seite). Sie können auch einmal darauf klicken um einen neuen Ordner anzulegen. Die

Namensvergabe funktioniert dann genauso, als ob Sie den neuen Ordner über die rechte Maustaste angelegt hätten.

Uups. Da ist es mir doch glatt passiert. Statt 2009 habe ich 2oo9 (Pfeil 1) geschrieben. Ich könnte jetzt natürlich diesen Ordner einfach löschen und neu anlegen. Noch ist in dem Ordner ja nichts drin. Das wäre also einfach.

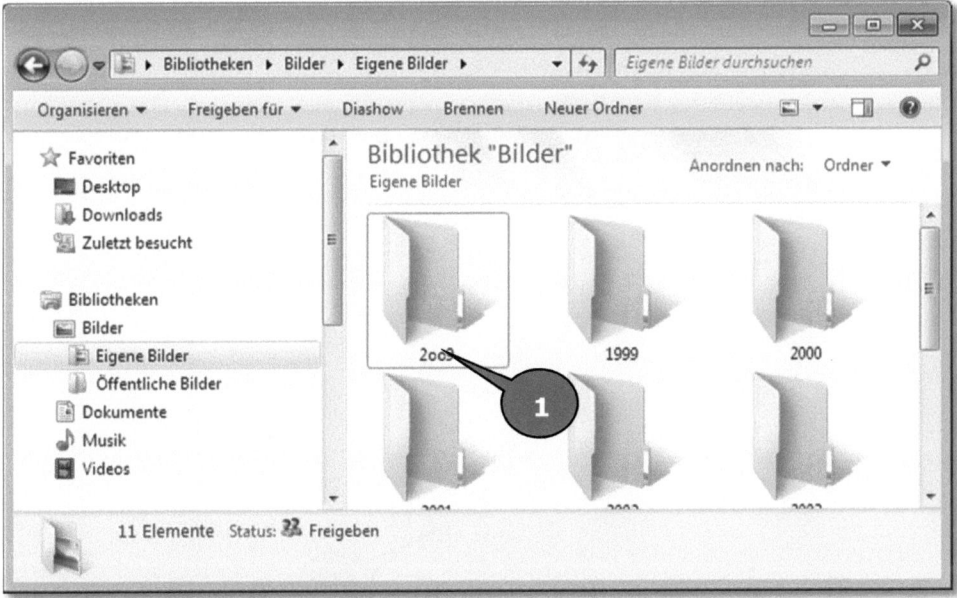

Was aber, wenn Sie den Fehler erst viel später bemerken und in dem Ordner schon jede Menge drin ist? Löschen wäre dann ein fataler Fehler. Die gute Nachricht ist. Man kann jeden Ordner und jede Datei immer wieder umbenennen. Wenn man solche Eingabefehler macht, stehen die Chancen allerdings nicht schlecht, dass man das sofort bemerkt. Da der Windows-Explorer gerne Ordnung hält, werden die Symbole nämlich alphanumerisch geordnet. Sie hätten also annehmen können, dass der neue Ordner 2009 direkt hinter oder in der Reihe unter dem Ordner 2008 auftaucht. Tut er aber nicht, weil das o eben keine 0 ist.

Ordner umbenennen

Um einen Ordner umzubenennen, bewegen Sie den Mauszeiger genau auf dessen Symbol, drücken einmal kurz die rechte Maustaste und wählen aus dem Kontextmenü den Befehl **Umbenennen** (Pfeil 1) aus.

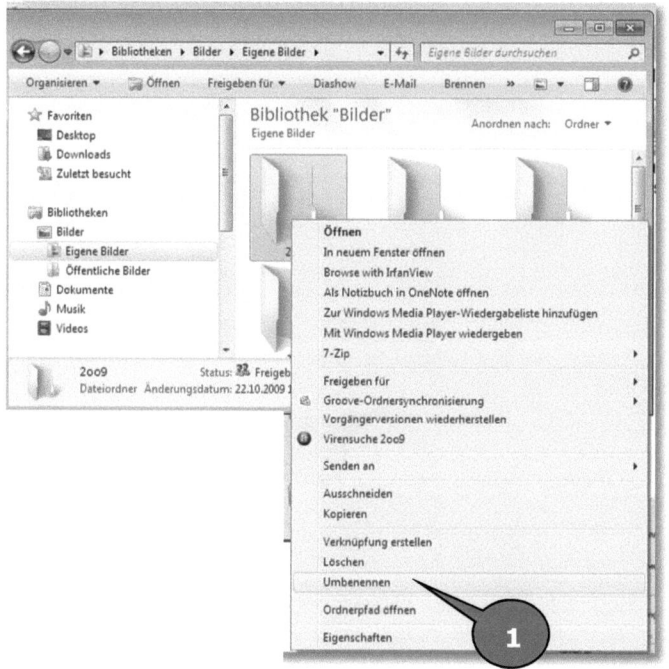

 Sofort können Sie den Namen wieder ändern. Diesmal schreiben Sie 2009. Der Name kann übrigens auch geändert werden, indem man mit dem Mauszeiger genau auf den Namen geht und die linke Maustaste für etwa eine Sekunde gedrückt hält. Das ist ein typischer Anfängerfehler beim Markieren von Dateien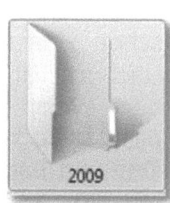
bzw. Ordnern. Ein ganz kurzer Klick reicht beim Markieren aus! Wenn Sie nach der Namensänderung die Enter-Taste drücken, wird nicht nur der neue Name gespeichert. Der Ordner wird auch sofort alphanumerisch sortiert.

Ordner löschen

Nicht mehr benötigte Ordner sollte man auch mal löschen. Das erhöht dauerhaft die Übersicht ☺. Um einen Ordner zu löschen, gehen Sie mit dem Mauszeiger genau auf den Ordner, drücken einmal kurz auf die rechte Maustaste und wählen aus dem Kontextmenü den Befehl **Löschen**. In diesem Beispiel tun Sie einfach mal so, als würden Sie den Ordner **Beispielbilder** nicht mehr benötigen. Bewegen Sie also den Mauszeiger genau auf dessen Symbol (Pfeil 1), drücken Sie einmal kurz die rechte Maustaste und wählen Sie den Befehl **Löschen** (Pfeil 2) durch einen Linksklick aus.

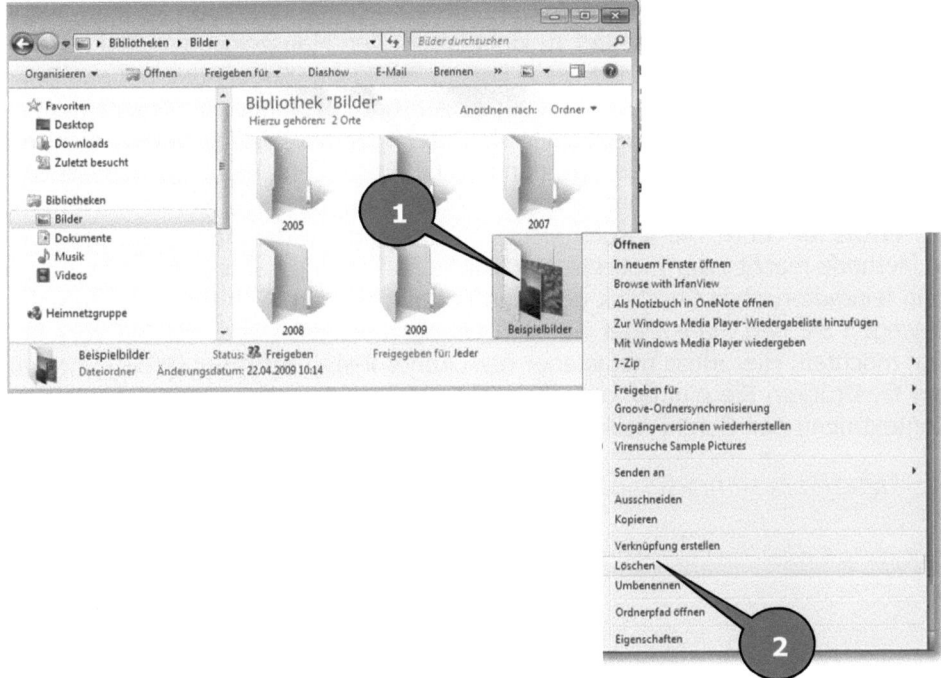

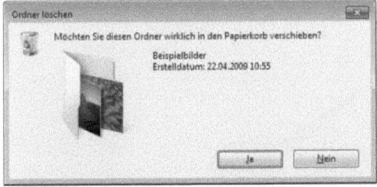

Es erscheint noch eine Sicherheitsabfrage. Wenn Sie sich sicher sind, klicken Sie auf **Ja**. Wenn Ihnen Zweifel aufkommen, klicken Sie jetzt lieber auf **Nein** und überprüfen Sie nochmal, ob das Objekt wirklich gelöscht werden kann. Denken Sie immer daran, dass auch der gesamte Inhalt des Ordners, sofern etwas darin ist, gelöscht wird!

Ordner verschieben

Für das Verschieben von Ordnern gibt es grundsätzlich zwei Methoden. Eine ganz simple, die aber ein gewisses Risiko in sich birgt und eine, die aufwändiger aber dafür wesentlich sicherer in der Handhabung ist. Fangen wir mit der einfachen und riskanten Methode an. Man kann Ordner und natürlich auch Dateien mit der Maus auf einen anderen Ordner ziehen. Dazu bewegt man den Mauszeiger, auf der rechten Seite des Windows-Explorers, auf das zu verschiebende Objekt, hält die linke Maustaste gedrückt und zieht so das Objekt auf den gewünschten Zielordner in der linken Seite des Windows-Explorers. Klingt ganz einfach, ist es aber gerade für Anfänger nicht. Sie müssen zum Einen natürlich die Maus fest im Griff haben, damit Sie diese auch mal umsetzen können, wenn Ihr Schreibtisch oder Mousepad zu klein ist um den Mauszeiger ans Ziel zu bringen. Zum anderen dürfen Sie auch keinen nervösen Zeigefinger haben. Denn wenn Sie unterwegs mal, auch nur für eine zehntel Sekunde, die linke Maustaste loslassen, landet der Ordner oder die Datei irgendwo aber sicherlich nicht da, wo sie hin sollte. Wenn Sie das dann nicht direkt bemerken, suchen Sie sich später einen Wolf nach Ihren Fotos. Meiner Meinung nach ist diese Methode nur etwas für Leute, die absolut sicher im Umgang mit der Maus sind. Die zweite Methode macht zwar mehrere Mausklicks notwendig, dafür braucht man aber kein feinmotorisches Geschick und man hat alle Zeit der Welt für diese Aufgabe. Bewegen Sie den Mauszeiger auf den Ordner oder die Datei, die Sie verschieben möchten. Hier muss mal wieder der Ordner **Beispielbilder** (Pfeil 1) herhalten ☺. Drücken Sie einmal kurz die rechte Maustaste und wählen Sie aus dem Kontextmenü den Befehl **Ausschneiden** (Pfeil 2).

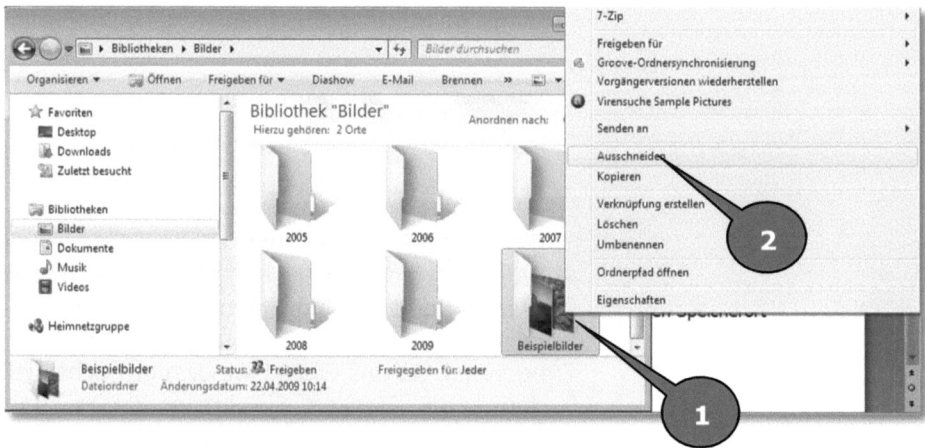

Das auszuschneidende Objekt erscheint jetzt in blassen Farben. Gehen Sie in den gewünschten neuen Zielordner. Bewegen Sie den Mauszeiger auf der rechten Seite des Windows-Explorers irgendwo in die leere weiße Fläche. Drücken Sie einmal kurz die rechte Maustaste und wählen Sie aus dem Kontextmenü den Befehl **Einfügen**. Und schon sind Sie fertig. Sie haben den ge-

wünschten Ordner von seinem alten Speicherort an seinen neuen Speicherort verschoben.

Naja. Je nach Datenmenge kann das natürlich auch mal was dauern. Haben Sie z.B. mehrere hundert Fotos in dem zu verschiebenden Ordner, wird der Windows-Explorer in einem kleinen Fenster u. U. die ungefähre Zeit anzeigen, die noch benötigt wird (Pfeil 1). Zusätzlich sehen Sie einen grünen Fortschrittsbalken (Pfeil 2), an dem Sie erkennen können, wie weit die Sache gediehen ist.

Ordner kopieren

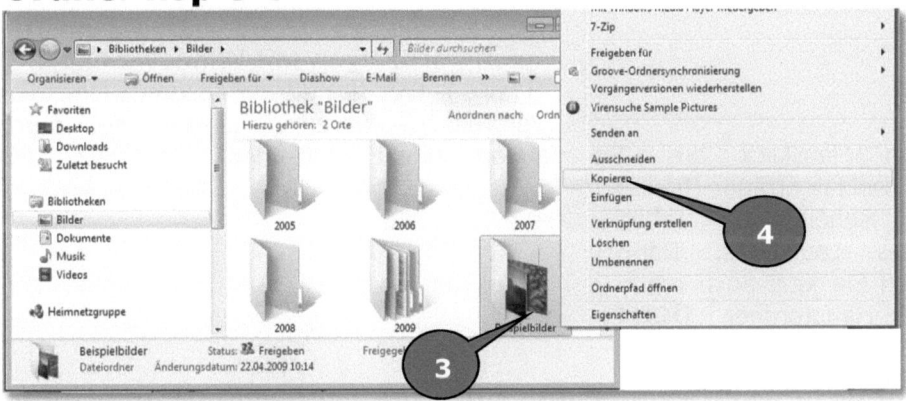

Technisch geht das Kopieren eines Ordners genauso, wie das Verschieben mit der 2. Methode. Sie bewegen den Mauszeiger auf den zu kopierenden Ordner (Pfeil 3), klicken einmal kurz auf die rechte Maustaste und wählen diesmal den Befehl **Kopieren** (Pfeil 4). Jetzt erscheint der Ordner aber nicht in blassen Farben. Suchen Sie jetzt Ihren Zielordner auf. Bewegen Sie den Mauszeiger auf der rechten Seite des Windows-Explorers irgendwo in die leere weiße Fläche. Drücken Sie einmal kurz die rechte Maustaste und wählen Sie den Befehl **Einfügen**. Der Ordner wird jetzt an den gewünschten Speicherort kopiert. Anders als beim Verschieben verbleibt der Ordner aber zusätzlich an seinem Ursprungsort. Wenn Sie einen Ordner kopieren, haben Sie ihn danach zweimal. Das macht vor allem dann Sinn, wenn Sie diesen Ordner auf ein externes Medium kopieren wollen. Z.B. auf einen USB-Stick oder eine externe Festplatte. Oder Sie möchten irgendwelche Experimente mit Ihren Fotos machen, von denen Sie nicht wissen, ob die gut ausgehen. Das sollte man nur mit Kopien machen!

Autostart

Wenn Sie einen Wechseldatenträger, also eine CD, einen USB-Stick oder eben die Speicherkarte einer Digitalkamera einlegen, bzw. einstecken, wird nach kurzer Zeit (kann bei CDs auch mal eine etwas längere Zeit sein) dieses Fenster aufgehen. Dort finden Sie ein Menü, in dem Sie verschiedene Möglichkeiten anklicken können. Sie können sofort entscheiden, was Sie mit dem Wechseldatenträger machen möchten. In unserem Beispiel möchten Sie den **Ordner öffnen, um Dateien anzuzeigen mit Windows-Explorer** (Pfeil 1). Wer hat diesen Ausdruck eigentlich verbrochen? Führen Sie diesen Befehl durch einen Mausklick aus. Sie landen direkt auf dem Entsprechenden Wechseldatenträger (Pfeil2) und sehen den Inhalt dieses Laufwerks. Darin sehen Sie jetzt auch schon den Hauptordner **DCIM** (Pfeil 3). Das ist bei allen Digitalkameras, die ich bisher gesehen habe gleich. In diesem Ordner wiederrum befindet sich immer ein Ordner Namens **100PANA, 100PENTX** oder

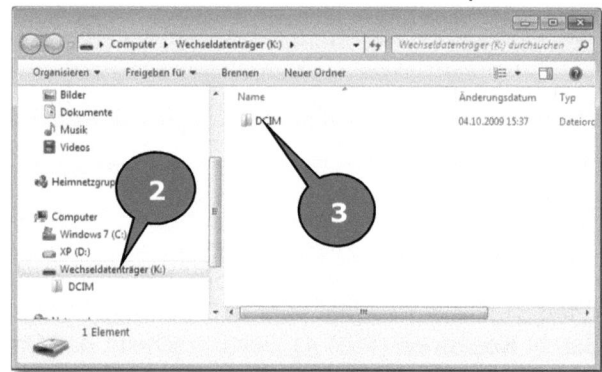

101MSDCF. Und in diesem Ordner befinden sich dann Ihre Fotos. Da kocht

jeder Hersteller sein eigenes Süppchen. Die Namensstruktur sollte aber den drei Beispielen zumindest ähnlich sein.

Wo ist meine Speicherkarte?

Aber was macht man, wenn der Autostart abgeschaltet ist? Oder Sie haben anstatt auf **Ordner öffnen** auf eine andere Schaltfläche geklickt? Dann öffnet der Windows-Explorer nämlich nicht gleich das Laufwerk. Klicken Sie dann in der linken Windows-Explorer-Spalte auf den Ordner **Computer** (Pfeil 1). Das würde im Windows-Explorer dann etwa so aussehen.

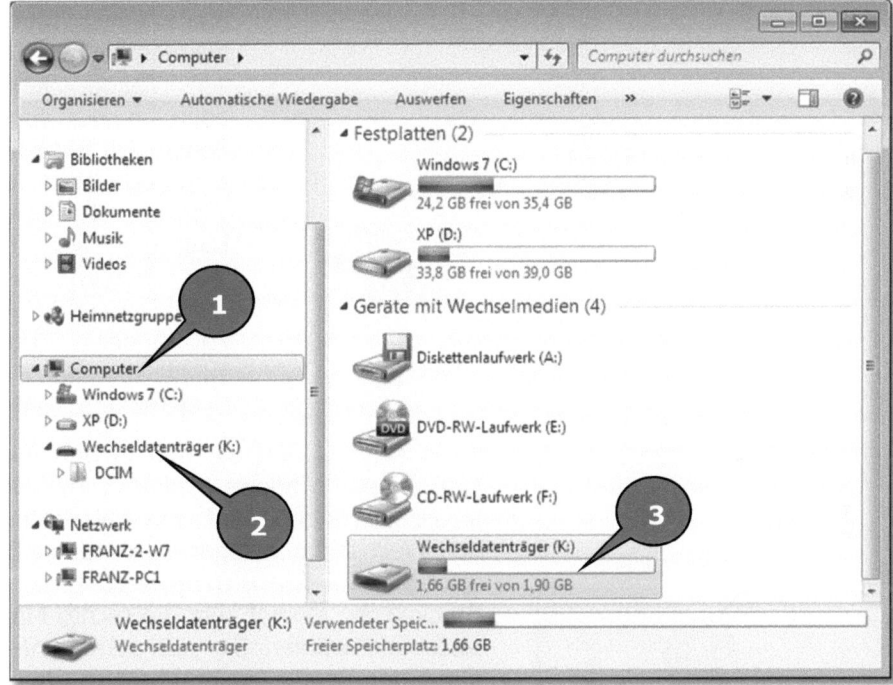

Windows betrachtet den gesamten Computer als einen großen Ordner. Darin sind Unterordner, die den Laufwerken entsprechen, darin wiederum sind dann die Daten- und Programmordner und darin die Unterordner usw. ☺. Ihr Wechseldatenträger wird garantiert mit aufgelistet. Sie sehen ihn jetzt sowohl in der linken Windows-Explorer-Spalte (Pfeil 2), wie auch auf der rechten Seite, zusammen mit den anderen Laufwerken in Ihrem PC (Pfeil 3). Um nun wieder auf den Wechseldatenträger zu gelangen, können Sie ihn wahlweise in der linken Spalte einmal anklicken oder auf der rechten Seite doppelklicken.

Und siehe da ... Denken Sie immer daran: Bei Ihrem Rechner könnte es ein anderes Laufwerk sein!

Namen für Speicherkarte ändern

Ich habe bis heute nur ein einziges Mal eine Digitalkamera in den Händen ge-

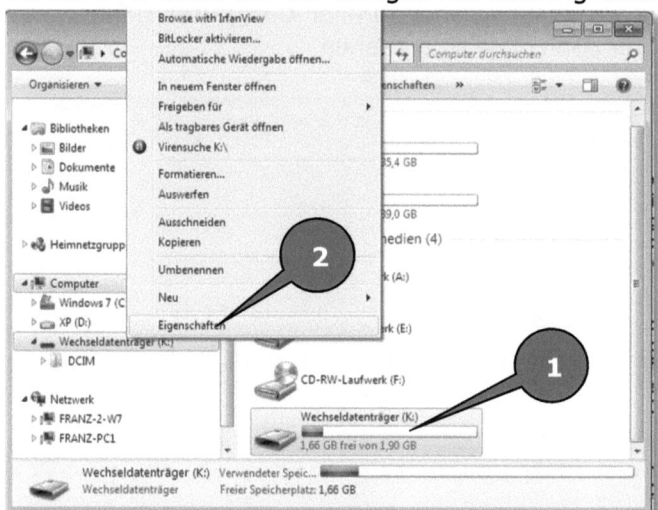

habt, deren Speicherkarte beim Formatieren in der Kamera einen Namen bekommen hat. Dieser Name taucht dann in der linken Spalte des Windows-Explorers statt des Wortes Wechseldatenträger auf. Um den Namen eines Wechseldatenträgers zu ändern, muss zunächst mal die Speicherkarte einge-

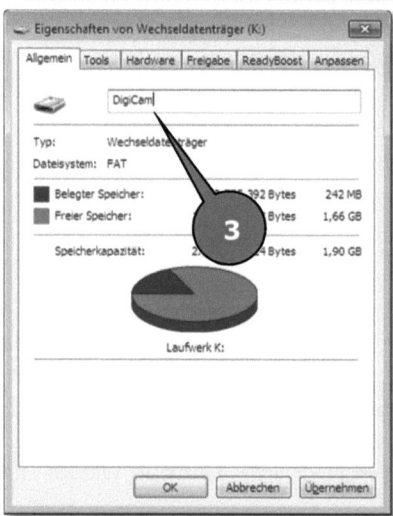

steckt sein. Gehen Sie nun in der linken Spalte des Windows-Explorers mit dem Mauszeiger genau auf den entsprechenden Wechseldatenträger. In unserem Beispiel **Wechseldatenträger K:** (Pfeil 1). Drücken Sie einmal kurz die rechte Maustaste und wählen Sie aus dem Kontextmenü den Befehl **Eigenschaften** (Pfeil 2) mit einem Klick auf die linke Maustaste aus. Das rechte Fenster öffnet sich. Dort gibt es ein Eingabefeld (Pfeil 3), in das Sie einen Namen Ihrer Wahl, allerdings mit maximal 11 Zeichen, eingeben können. Ich habe mich für den Namen **DigiCam** entschieden.

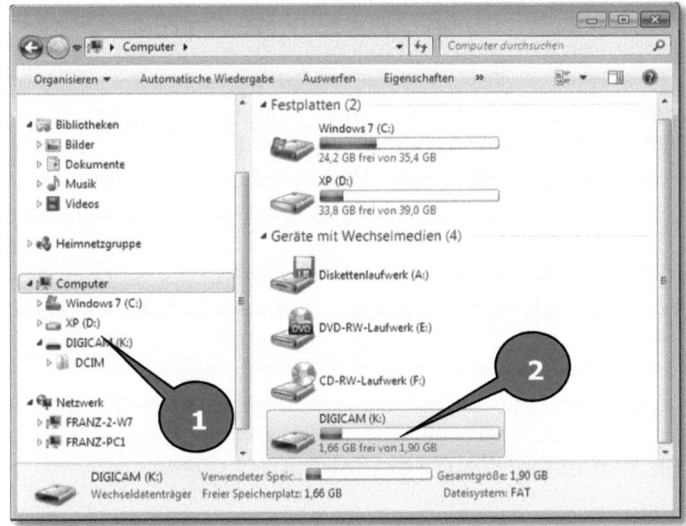

Wie Sie sehen, erscheint jetzt im Windows-Explorer der Name **DigiCam (K:)** (Pfeil 1 &2) statt wie bisher der Name **Wechseldatenträger (K:)**. Diese Methode hat aber einen kleinen Nachteil. Wenn Sie die Speicherkarte in Ihrer Digitalkamera erneut formatieren ist der Name wieder weg. Man muss die Speicherkarte aber nicht jedes Mal formatieren. Man kann die darauf enthaltenen Fotos nämlich auch mit dem Windows-Explorer sozusagen von Hand löschen. Siehe Kapitel **Fotos löschen**.

Piktogramm der Speicherkarte ändern

Ein Bild sagt ja bekanntlich mehr als tausend Worte. Deshalb legen Sie da jetzt noch einen Brikett nach. Ein anderer Name ist ja gut und schön. Aber wäre es nicht schöner, die Speicherkarte bekäme auch ein markantes Piktogramm? Etwa das einer Kamera? Da würde sie im Windows-Explorer doch noch besser auffallen. Die Methode können Sie übrigens auch für selbstgebrannte CDs oder USB-Sticks anwenden. Wir machen uns dabei den Windows-Autostart zu nutze. Wenn auf einem Wechseldatenträger eine Datei Namens **AUTORUN.INF** vorhanden ist, werden alle darin enthaltenen Befehle von Windows ausgeführt. Darin enthalten kann natürlich auch der Verweis auf eine Grafik sein. Die Laufwerkspiktogramme oder Icons oder Programmsymbole sind Grafiken von 16x16 Pixel. Sie werden auch als

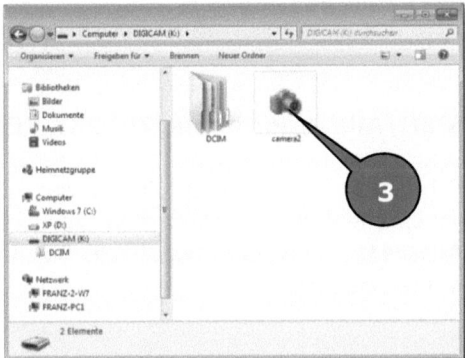

Favicon bezeichnet und haben ein eigenes Grafikformat Namens **.ICO**. Im Internet finden Sie tausende von kostenlosen Favicons. Da sie nur wenige Bytes groß sind, geht der Download sehr schnell. Unter **www.net4web.de/favicon.zip** finden Sie eine kleine Auswahl dieser Favicons. Und die AUTORUN.INF-Datei, ist auch schon dabei. Sie müssen nur noch den Namen des Favicon ändern. Sie können die Datei aber auch problemlos selber anlegen. Zunächst sollten Sie Ihr Wunschpiktogramm in das Hauptverzeichnis Ihrer Speicherkarte kopieren (Pfeil 3, vorige Seite). In der Ansichtsform „Mittelgroße Symbole" oder evtl. noch größeren Symbole, sieht das sehr grobkörnig aus. Man darf nicht vergessen, dass die Grafik nur 16x16 Pixel groß ist. Gehen Sie jetzt mit dem Mauszeiger irgendwo in den leeren Bereich des Fensters und drücken Sie einmal kurz die rechte Maustaste. Dieses Befehlsmenü wird auf Ihrem PC mit Sicherheit anders aussehen. Sie haben sicherlich andere Programme installiert als ich. Aber einige Befehle sollten identisch sein. Wählen Sie den Befehl **Neu/Textdokument** (Pfeile 1&2).

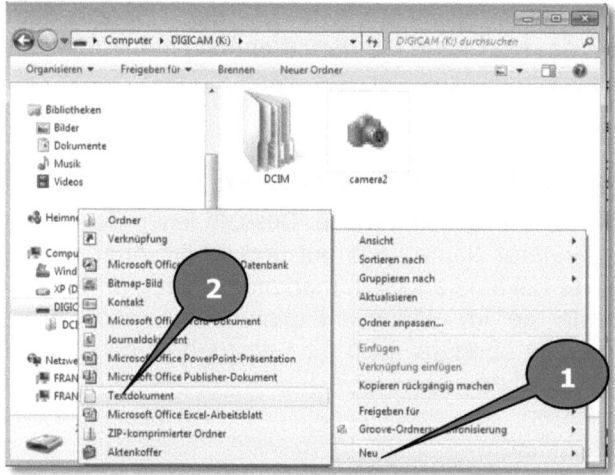

Geben Sie dieser neuen Textdatei den Namen **autorun.inf** und speichern Sie die Datei, in dem Sie einmal die **ENTER**-Taste drücken. Die Datei ist jetzt noch leer. Das ändern wir jetzt. Dazu müssen Sie die Datei **autorun.inf** doppelklicken. Das öffnet die Datei im windows-eigenen Editor. Diesen finden Sie übrigens auch unter **Start/Alle Programme/Zubehör/Editor**.

Schreiben Sie die zwei Zeilen aus der folgenden Grafik in den Editor. Die eckigen Klammern bekommen Sie über die Tastenkombinationen **AltGr+8** und **AltGr+9**. Achtung verwechseln Sie nicht Alt und AltGr! Ändern Sie ggfls. Den Namen des Icons.

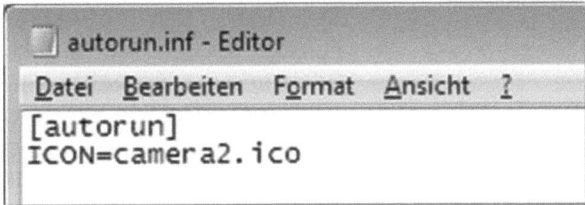

Klicken Sie jetzt auf **Datei/Speichern** (Pfeile 1&2).

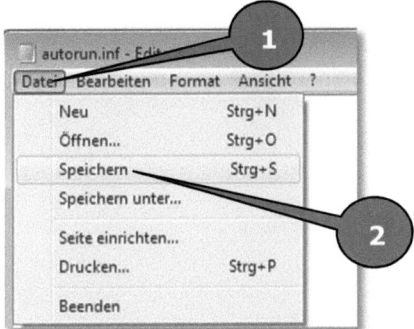

Sie sind aber noch nicht fertig. Windows und der Editor haben nämlich jeder eine Eigenart, die wir ausgerechnet jetzt nicht gebrauchen können. Obwohl wir das im Moment nicht sehen können, speichert der Editor jede Datei mit der Endung .txt. Unsere gerade gespeicherte Datei heißt also zur Zeit noch **autorun.inf.txt**. Und wir können das nicht sehen, weil Windows so voreingestellt ist, dass bekannte Dateitypen unterdrückt werden. Da schaffen wir jetzt Abhilfe. Klicken Sie wie im folgenden Bild auf **Organisieren/Ordner- und Suchoptionen...** (Pfeile 3 & 4).

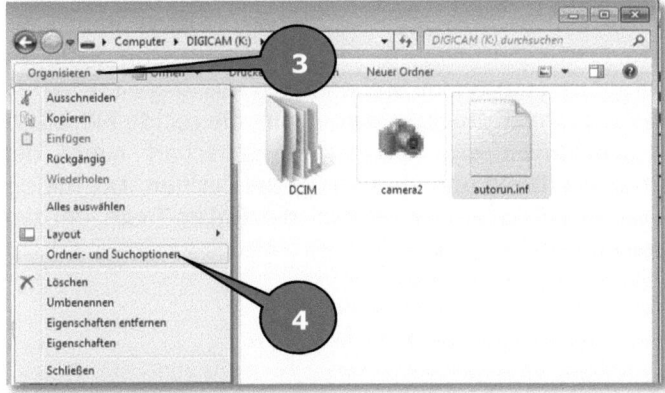

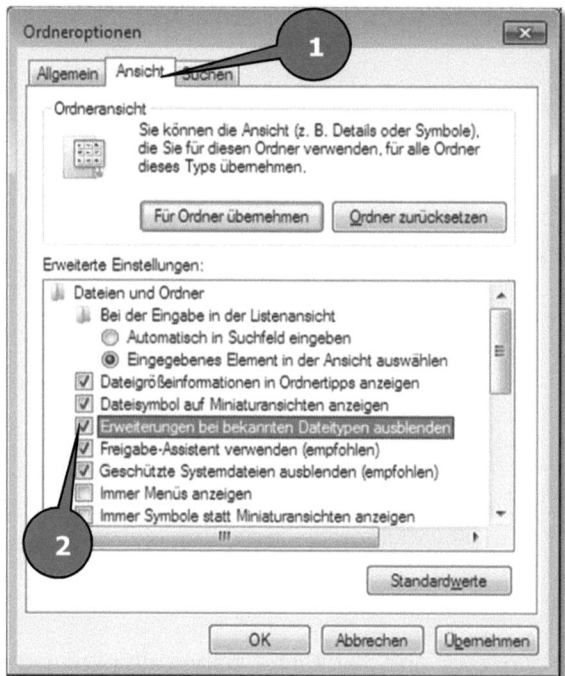

In dem sich öffnenden Fenster klicken Sie auf die Registerkarte **Ansicht** (Pfeil 1). Dann entfernen Sie durch einen Mausklick das Häkchen bei dem Eintrag **Erweiterungen bei bekannten Dateitypen ausblenden** (Pfeil 2). Klicken Sie jetzt auf **OK**.

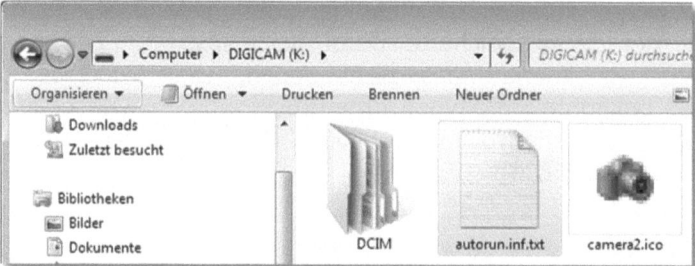

Jetzt sehen Sie den tatsächlichen Dateinamen der autorun-Datei. Auch die Endung .ICO erscheint jetzt hinter dem Piktogramm. Sie müssen jetzt nur noch die Datei autorun.inf.txt in autorun.inf umbenennen. Dazu gehen Sie mit dem Mauszeiger auf das Piktogramm, drücken einmal kurz die rechte Maustaste und wählen den Befehl **Umbenennen**. Klicken Sie haarscharf hinter den letzten Buchstaben in dem Namensfeld und löschen Sie die Zeichen **.txt** mit der Backspace-Taste Ihrer Tastatur. Drücken Sie einmal die **Enter**-Taste um den geänderten Namen zu speichern.

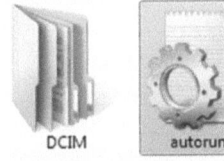 

Damit verändert sich auch das Piktogramm dieser Datei. Das Zahnrad darin zeigt Ihnen an, dass es sich um eine System-Datei handelt.

Jetzt sollten Sie das Häkchen in den **Ordner- und Suchoptionen** wieder setzen, damit die Funktion **Erweiterungen bei bekannten Dateitypen ausblenden** wieder aktiviert wird.

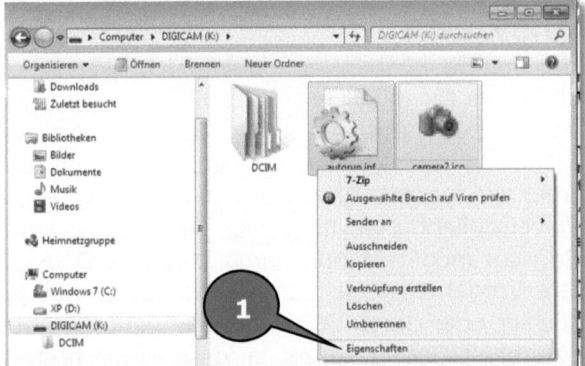

Damit Sie die Dateien autorun.inf und Ihr Piktogramm nicht versehentlich löschen, sollten Sie sie verstecken. Dazu markieren Sie zunächst die Datei autorun.inf per Mausklick. Halten Sie nun die **Strg**-Taste auf Ihrer Tastatur gedrückt und klicken Sie die Piktogramm-Datei einmal an.

Beide Dateien sind jetzt farblich markiert. Bleiben Sie mit dem Mauszeiger genau auf einem der beiden markierten Objekte, drücken Sie einmal kurz auf die rechte Maustaste und wählen Sie aus dem Kontextmenü den Befehl **Eigenschaften** (Pfeil 1) aus.

Setzen Sie durch einen Mausklick das Häkchen bei dem Eintrag **Versteckt** (Pfeil 2). Klicken Sie auf **OK**. Et Voila, wenn Sie den Datenträger das nächste Mal anklicken, sind sie weg. Ziehen Sie jetzt mal die Speicherkarte aus dem Cardreader und stecken Sie sie gleich wieder ein.

Jetzt hat die Speicherkarte ihr eigenes Piktogramm und über die **Eigenschaften** ist auch noch der Name geändert. Damit Sie sich die

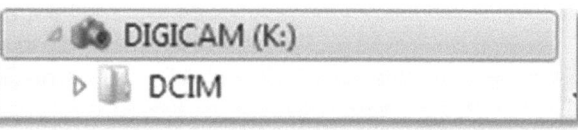

ganze Mühe nicht umsonst gemacht haben, sollten Sie die Speicherkarte zukünftig nicht mehr in der Kamera formatieren, sondern die Fotos von Hand löschen. Wie das geht, entnehmen Sie bitte dem Kapitel **Fotos löschen**.

Empfohlene Vorgehensweise

Mit den Fotos kann viel passieren. Und Sie können mir glauben, ich habe schon viel erlebt und gesehen, was ich so nie für möglich gehalten hätte. Das meistens logische Verhalten eines PCs, gepaart mit der oft intuitiven Unlogik von uns Anwendern, scheint nicht immer zu einer glücklichen Konstellation zu führen ☺. Dabei stelle ich auch immer wieder fest, dass sich mir die Logik, dieses Rechenknechtes Namens PC, oft verschließt. Man mag mich da ruhig paranoid nennen, aber jeden Fehler sollte man möglichst nur einmal machen. Dadurch hat sich eine etwas aufwändigere Vorgehensweise herauskristallisiert, weil jedes Foto, das ich durch meine Fehler oder durch Softwarefehler verloren habe immer sehr ärgerlich war. Und Murphy's Gesetz besagt ja, dass es die bestenoder die wichtigsten Fotos am Härtesten trifft. Da moderne Festplatten eine enorme Kapazität haben, kann man sich das getrost leisten, die Fotos eine Zeitlang mehrfach auf der Festplatte zu haben. Daher folgende Empfehlungen:

1. Legen Sie sich einen Ordner für den Foto-Eingang an. Kopieren Sie immer alle Fotos, die sich auf Ihrer Speicherkarte befinden, auf einen Schlag in diesen Ordner. Machen Sie das nicht häppchenweise. Der Tag wird kommen, an dem Sie mal was vergessen zu kopieren.
2. Verteilen Sie Fotos von Ihrem Eingangsordner in die entsprechenden Jahres- und Event-Ordner.
3. Kontrollieren Sie in der Miniaturansicht, ob alle Fotos einwandfrei sind, oder ob eines irgendwie beschädigt wurde. Das kommt zwar selten vor, aber es kommt vor!
4. Da Sie jetzt jedes neue Foto quasi zweimal auf der Festplatte haben, können Sie nun die Fotos von der Speicherkarte löschen und die Karte so wieder für das nächste Event vorbereiten.
5. Wenn Sie Fotos nachbearbeiten wollen oder müssen, dann machen Sie das nur in den Event-Ordnern.

6. Speichern Sie geänderte Fotos mit einem Index ab. Dann wissen Sie immer, welche Version die Aktuellste ist.

7. Sollte beim Nachbearbeiten irgendetwas schiefgehen und Sie über-schreiben sich versehentlich ein Foto in einer Art, wie Sie es nie woll-ten, dann löschen Sie es einfach aus dem Event-Ordner und holen Sie sich das entsprechende Foto aus dem Eingangs-Ordner nochmal in den Eventordner.

8. Erst wenn alle Fotos fertig bearbeitet sind, sollten Sie den Inhalt des Eingangs-Ordner löschen. Die Fotos darin werden jetzt nicht mehr be-nötigt.

Sie müssen nicht genauso vorgehen, wie ich das hier beschreibe. Ich will Ihnen nur Wege aufzeigen, wie Sie ärgerliche Verluste vermeiden. Vermeiden Sie ein-fach Fehler, die ich alle schon mal gemacht habe.

Chaos beseitigen

Wenn man wenig Ahnung hat, und das ist wirklich nichts schlimmes, dann ist man vielleicht froh, wenn man die Fotos von der Digitalkamera irgendwie auf die Festplatte bekommen hat. Mit der Zeit ist das dann ein ziemliches Durchei-nander. Ordner mit irgendwelchen komischen Namen ohne jeden Bezug zum Inhalt, Fotos von verschiedenen Events, alle Fotos in einem Ordner und auch ganz beliebt sind zahllose Ordner Namens „Neuer Ordner", „Neuer Ordner (2)" usw. Das müssen wir uns nicht schön reden. Das ist einfach so. Niemand weiß das besser als ich, denn ich habe mal genauso chaotisch angefangen. Ich gehe mal davon aus, dass es auf Ihrer Festplatte so ähnlich aussieht, sonst hätten Sie möglicherweise dieses Buch nicht gekauft. Wie, Sie haben das geschenkt bekommen? Ausreden gelten nicht ☺. Ich gebe Ihnen ein paar Tipps, wie Sie nachträglich Ordnung ins Chaos bringen können. Das ist nicht schwer und Sie haben jede Menge Zeit und müssen nicht hektisch werden. Zugegebenermaßen macht das einmal viel Arbeit. Dafür ist es hinterher aber umso besser. Sie brau-chen nur einen Plan.

1. Sehen Sie in jeden Ordner, ob dort Fotos drin sind. Wenn der Ordner leer ist, löschen Sie ihn.

2. Sehen Sie alle Ordner, in denen sich Fotos befinden, durch und schrei-ben Sie sich eine Liste, mit den Events und wenigstens dem dazugehö-rigen Jahr, bei denen die Fotos aufgenommen wurden.

3. Legen Sie sich im Ordner **Bibliotheken/Bilder/Eigene Bilder** Jah-res-Ordner an. Also z.B. 2007, 2008, 2009 usw.

4. Legen Sie in den entsprechenden Jahresordnern Unterordner an, die so heißen, wie die Events, die Sie in Ihrer Liste aufgeschrieben haben.
5. Markieren Sie die Fotos in einem Ordner, die zu einem Event gehören, schneiden Sie diese aus und fügen Sie die Fotos in ihrem neuen Event-Ordner ein. Dadurch werden immer weniger Fotos in den alten Chaos-ordnern überbleiben. Das erhöht die Übersicht doch deutlich.
6. Wenn Sie einen alten Ordner leergeschaufelt haben, löschen Sie ihn gleich. Auch das trägt zur Verbesserung der Übersicht bei.
7. Wenn Sie alles verteilt und aufgeräumt haben, können Sie den Event-ordnern im Ordnernamen auch ein Datum zuweisen (Umbenennen). Das Datum bekommen Sie am einfachsten, wenn Sie die Ansichtsform **Details** wählen. Da können Sie nämlich das Aufnahmedatum der Fotos sehen. Ein passender Ordnername für das folgende Beispielbild wäre also **Rhein_in_Flammen_020509**.

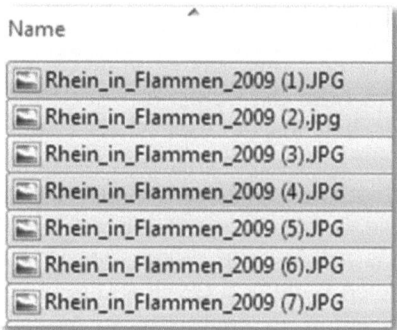

Fotos kopieren

Das Kopieren von Fotos oder anderen Dateien funktioniert, technisch gesehen, wie das Verschieben von Dateien oder Ordnern. Nur das Ergebnis ist ein anderes. Während beim Verschieben eine oder mehrere Dateien von Speicherort A nach Speicherort B verschoben werden, werden beim Kopieren physikalische Kopien erzeugt. D.h. nach dem Kopiervorgang ist die Datei oder sind die Datei-en mehrmals vorhanden. Sie können auch auf dem gleichen Datenträger mehrmals vorhanden sein. Eine Datei kann aber nicht mehrmals mit dem glei-chen Namen im gleichen Verzeichnis sein. Sie werden wahrscheinlich häufiger kopieren, als Sie das jetzt vielleicht annehmen. Kopieren müssen Sie schon, wenn Sie Bilder vom Kamera-Speicherchip auf die Festplatte holen möchten. Oder wenn Sie bestimmte Bilder in einem Fotoladen ausdrucken lassen möchten. Dann möchten Sie diese Fotos evtl. auf einen USB-Stick kopieren. Es gibt verschiedene Techniken, wenn man ein, mehrere oder alle Fotos aus einem Ordner irgendwo anders hin kopieren möchte. Damit sollen Sie nicht verwirrt werden ☺. Alle Methoden können sehr sinnvoll eingesetzt werden. Je nach Anwendungsfall können Sie die Arbeit sehr vereinfachen und beschleunigen.

Ein Foto kopieren
Ziehen mit der Maus

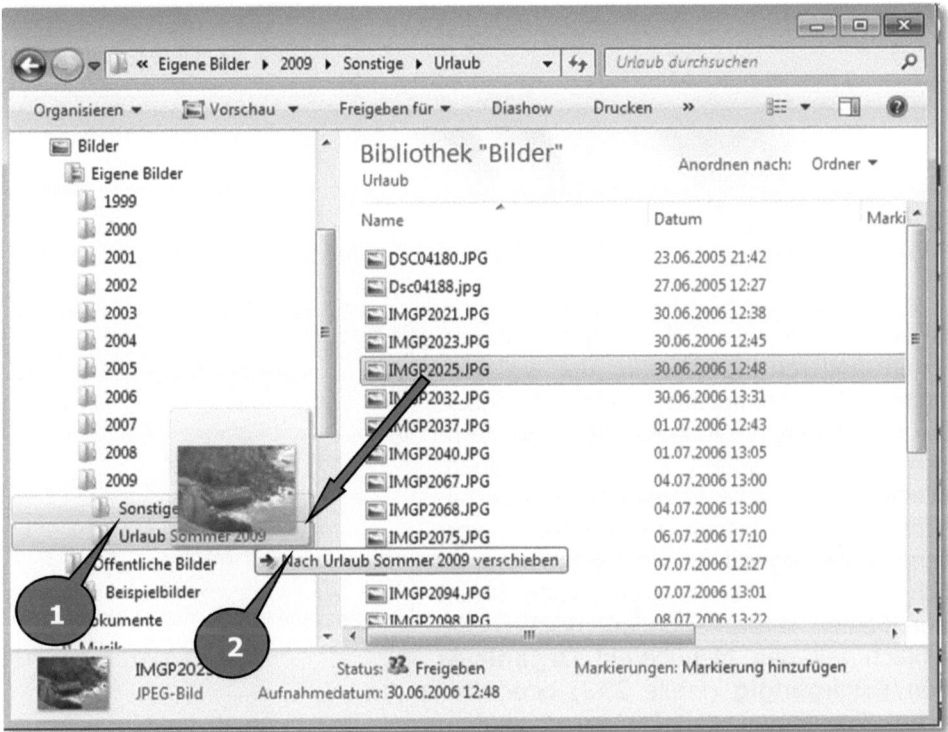

Zum Kopieren und Verschieben benutzen Sie die gleichen Techniken wie bei den Ordnern. Sie müssen die Datei(en), die Sie kopieren oder verschieben wollen, markieren und dann mit gedrückter linker Maustaste in den Ordner ziehen, wohin Sie die Datei(en) kopiert oder verschoben haben wollen (langer Pfeil). Ob der Mauszeiger auf dem richtigen Ordner ist, können Sie an zwei Dingen erkennen. Zum einen färbt sich der Ordner hellblau, auf den der Mauszeiger aktuell zeigt (Pfeil 1). Zum anderen zeigt Ihnen ein kleiner Hilfstext den Namen dieses

Ordners an (Pfeil 2, vorherige Seite). Erst wenn Sie sicher auf dem richtigen Ordner sind, lassen Sie die linke Maustaste los. Achten Sie darauf, dass Sie beim Loslassen der linken Maustaste die Maus NICHT bewegen. Sonst kann es passieren, dass die Datei im letzten Moment doch am falschen Ort landet ☺.

Dabei wird zwischen Ordnern, die sich auf dem gleichen Datenträger befinden, grundsätzlich verschoben. Wenn sich der Zielordner auf einem anderen Datenträger befindet, wird beim Ziehen die Datei kopiert. Das erkennen Sie an einem kleinen Plus-Zeichen in dem Hilfstext (Pfeil 1).

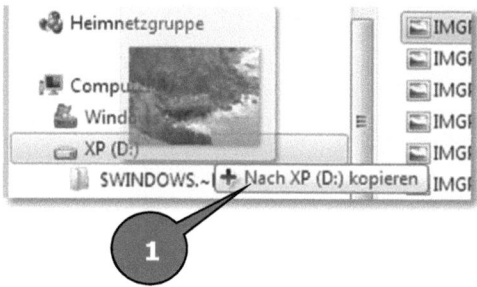

Diese Methode, des Ziehens einer Datei an einen anderen Speicherort, ist auf den ersten Blick komfortabel. Diese Methode birgt aber gewisse Risiken. Man darf nämlich keinen nervösen Zeigefinger haben. Wenn Sie die linke Maustaste an der falschen Stelle loslassen, landen die kopierten Dateien irgendwo, wo Sie sie vermutlich nicht hinhaben wollten. Sollte Ihnen der Fehler sofort auffallen, klicken Sie einfach auf den Menübefehl **Organisieren/Rückgängig** (Pfeile 2&3) oder drücken Sie einmal die Tastenkombination **Strg+z**. Damit wird der zuletzt ausgeführte Befehl rückgängig gemacht.

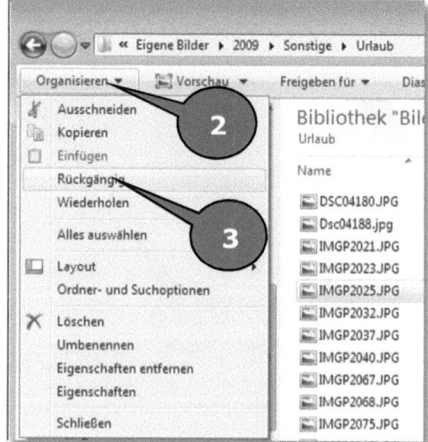

Kopieren über die rechte Maustaste

Meiner Meinung nach ist das die sicherste Methode etwas zu kopieren. Sie müssen kein Fingerakrobat sein und haben alle Zeit der Welt, um den Vorgang abzuschließen. Bewegen Sie den Mauszeiger auf das Foto, das Sie kopieren möchten (Pfeil 1). Drücken Sie einmal kurz auf die rechte Maustaste und wählen Sie aus dem Kontextmenü den Befehl **Kopieren** (Pfeil 2) durch einen Linksklick mit der Maus aus.

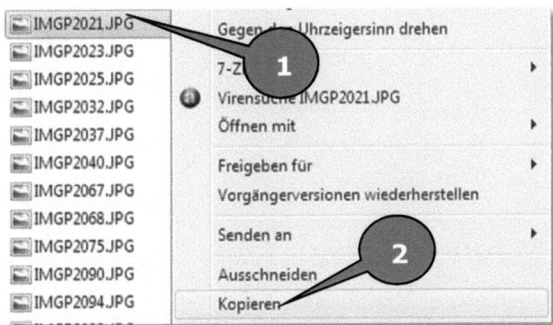

Das Foto ist jetzt in die so genannte Zwischenablage (ein dafür vorgesehener reservierter Speicherbereich unter Windows) kopiert worden. Das sehen Sie nicht. Sie müssen nur fest daran glauben ☺. Diese Zwischenablage kann sich im Normalzustand immer nur eine Sache merken. Das aber recht lange. Wenn Sie etwas in die Zwischenablage kopieren, bleibt das so lange darin, bis Sie entweder etwas anderes dort hinein kopieren oder den Rechner ausschalten.

Wählen Sie jetzt den gewünschten Speicherort für die Kopie dieses Fotos durch einfachen Mausklick in der linken Spalte des Windows-Explorers an (Pfeil 1).

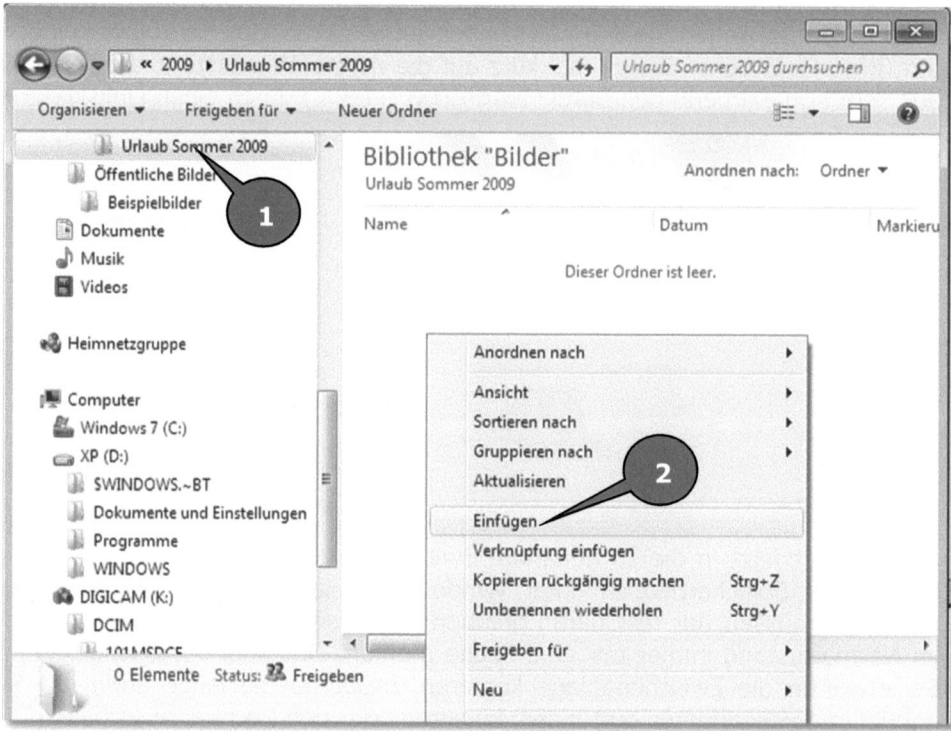

Bewegen Sie nun den Mauszeiger in den rechten Fensterbereich. Und zwar dorthin wo nichts anderes ist. Sollten dort schon andere Fotos sein, bewegen Sie den Mauszeiger irgendwo zwischen die Piktogramme. Drücken Sie einmal kurz auf die rechte Maustaste und wählen Sie den Befehl **Einfügen** (Pfeil 2). Und zack ... schon ist es da.

Mit dem Menü kopieren

Das Kopieren eines Fotos kann man sich noch einfacher machen. In allen Windows-Programmen, in denen man irgendetwas kopieren oder verschieben kann, gibt es immer einen Menübefehl in dem Befehle wie **Kopieren**, **Ausschneiden** und **Einfügen** zu finden sind. Um nun ein Foto zu kopieren, müssen Sie das betreffende Foto einmal mit der linken Maustaste anklicken. Dabei wird das Foto blau umrahmt (Pfeil 1). Man sagt auch: es ist markiert. Klicken Sie nun auf den Menübefehl **Organisieren** (Pfeil 2). Dabei verschwindet die blaue Umrahmung des markierten Fotos. Im sich öffnenden Menü, klicken Sie auf den Befehl **Kopieren** (Pfeil 3).

Das Foto wird jetzt, genau wie vorhin schon beschrieben, in die Zwischenablage kopiert. Suchen Sie nun den gewünschten Zielordner auf, den Sie in der linken Ordner-Spalte des Windows-Explorers durch einen Linksklick markieren. Wählen Sie den Menübefehl **Organisieren/Einfügen** (Pfeile 1&2)per Linksklick an. Und schon ist das gewünschte Foto da, wo Sie es haben wollen.

Kopieren über die Tastatur

Schnell und effektiv können Sie ein Foto kopieren, in dem Sie zunächst das gewünschte Foto durch einen Mausklick markieren. Drücken Sie jetzt einmal die Tastenkombination **Strg+c**. Klicken Sie den gewünschten Zielordner an, bewegen Sie den Mauszeiger auf der rechten Seite des Windows-Explorers in den freien Bereich und drücken Sie einmal die Tastenkombination **Strg+v**.

Mehrere Fotos gleichzeitig kopieren

Um mehrere Bilder gleichzeitig kopieren zu können, stellt der Windows-Explorer mehrere Möglichkeiten zur Verfügung. Jede Möglichkeit hat auch einen Sinn, wie Sie gleich merken werden.

Alles kopieren

Wollen Sie alle Dateien in diesem Fenster kopieren, können Sie aus dem Menü **Organisieren/Alles auswählen** anklicken (Pfeile 1&2). Alternativ dazu können Sie auch die Tastenkombination **Strg+a** drücken. Als Ergebnis sehen Sie, dass im rechten Explorer-Fenster alle Dateien blau umrahmt werden und auch die Dateinamen blau hinterlegt werden.

Kopieren und irgendwo anders wieder einfügen geht jetzt genauso, wie vorher im Kapitel **Ein Foto kopieren** beschrieben.

Mit der Maus und Shift-Taste markieren

Aus den vorhergehenden Beschreibungen wissen Sie ja bereits, dass man durch einfaches Anklicken eine Datei markieren kann. Wenn Sie nun mehrere Dateien gleichzeitig markieren wollen, die z.B. in der Einstellung **Ansicht/Liste** alle hintereinander liegen, dann klicken Sie zunächst einmal mit der linken Maustaste auf die erste Datei, die Sie markieren möchten und dann bei gedrückter **Shift-Taste**, auch als Großschreib-Taste bezeichnet, auf die letzte Datei, die Sie markieren möchten. Danach sind alle Dateien zwischen den beiden Mausklicks blau markiert. Kopieren oder Ausschneiden geht jetzt wie schon vorher beschrieben.

Bibliothek "Bilder"
Urlaub

- PICT0004.JPG
- Lansallos (9).jpg
- IMGP2040.JPG   ← 1. Mausklick
- DSC04180.JPG
- PICT0030.JPG
- Sennen.JPG
- Dsc04188.jpg
- IMGP2021.JPG
- IMGP2023.JPG   2. Mausklick bei ge-
- IMGP2025.JPG   drückter Shift-Taste
- IMGP2032.JPG
- IMGP2037.JPG
- IMGP2067.JPG
- IMGP2068.JPG
- IMGP2075.JPG

Diese Methode kann ganz nützlich sein, wenn Sie die Fotos in einem Ordner in der Ansichtsform Details nach Datum sortiert haben. Dann können Sie nämlich z.B. die Fotos eines Urlaubstages ganz gezielt markieren und kopieren.

Mit der Maus und Strg-Taste markieren

Nun kann es aber passieren, dass die Dateien, die Sie kopieren möchten, nicht alle hintereinander liegen, sondern verstreut sind. Wenn man dann mehrere Dateien markieren möchte, kommt die **Strg-Taste** (Steuerungs-Taste) ins Spiel. Diese Taste wird auch gerne als Ctrl- oder Control-Taste bezeichnet. Hierzu klickt man wieder mit der linken Maus-Taste auf die erste Datei, die man markieren möchte, hält dann die **Strg-Taste** gedrückt und klickt nacheinander auf jede Datei, die man markieren möchte. Hat man mal auf die falsche Datei geklickt, muss man nicht von vorne anfangen. Ein weiterer Klick auf die „falsche" Datei hebt deren Markierung wieder auf.

Markierte Dateien bei gedrückter **Strg**-Taste angeklickt

Dabei sollten Sie es nicht zu eilig haben. Sie sollten ganz konzentriert ein Foto anklicken, die Maustaste wieder loslassen, den Mauszeiger auf das nächste Foto bewegen, dann anklicken, usw. Wenn Sie nämlich beim Bewegen der Maus die Maustaste los lassen, erzeugt Windows sofort Kopien von allen bereits markierten Fotos. Das ist nicht schlimm. Nur ärgerlich ☺. Wenn Ihnen das mal passieren sollte, drücken Sie hinterher einfach einmal die Tastenkombination **Strg+z** und das Unglück wird wieder beseitigt.

Mit der Maus umrahmen

Sie können mit gedrückter, linker Maustaste auch einen Rahmen um gewünschte Fotos ziehen. Dabei erscheint ein blaues Rechteck, das Ihnen anzeigt, welche Fotos schon umrahmt und damit markiert sind. Diese Methode ist etwas knifflig. Sie müssen dabei nämlich peinlich darauf achten, den Mauszeiger vor dem Klicken im leeren Bereich zu haben, sonst markieren Sie nämlich das Foto, dem der Mauszeiger zu nahe gekommen ist.

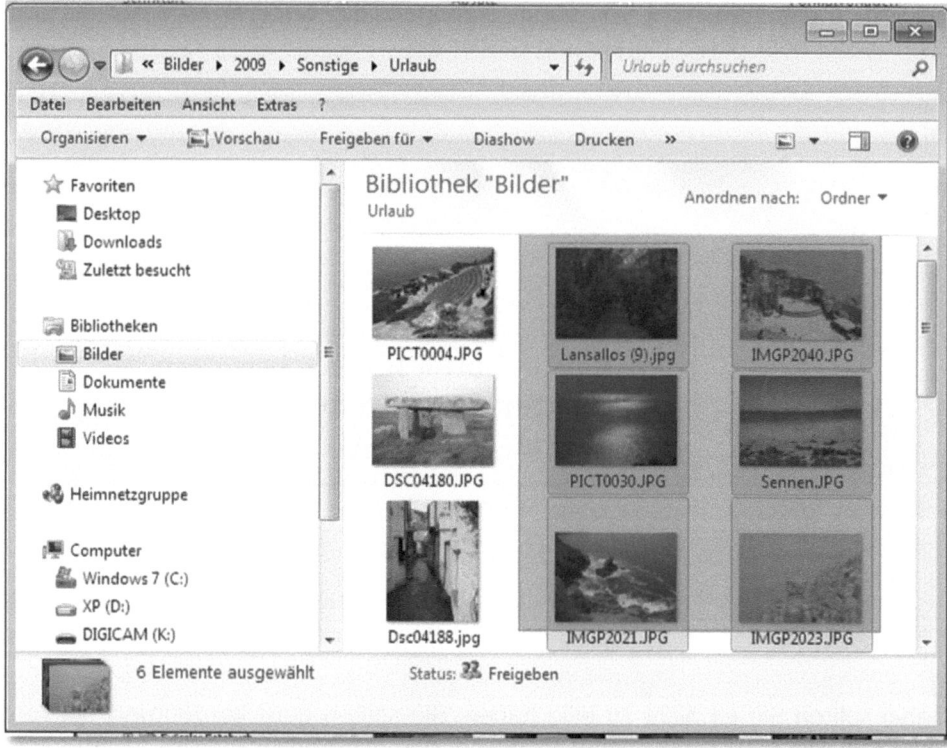

Reihenfolge der Fotos im Ordner ändern

In älteren Windows-Versionen war das Ändern der Reihenfolge einfach möglich. Sie mussten lediglich die gewünschte Datei, mit gedrückter linker Maustaste an den Platz Ihrer Wahl ziehen. Diese persönliche Reihenfolge war meist nur von kurzer Dauer. Wenn Sie zwischenzeitlich mal die Sortierung geändert haben, war Ihre schöne Reihenfolge leider verloren. Unter Windows 7 gibt es die Möglichkeit, Fotos durch ziehen an einen anderen Platz zu bekommen, so nicht mehr. Über einen kleinen Umweg kann man die Fotos aber doch noch in eine beliebige Reihenfolge bringen. Das macht zwar einmal etwas Arbeit, ist aber dafür von Dauer und lässt sich auch jederzeit wieder ändern.

Im oberen Bild ist ein Foto markiert (Pfeil 1). Einige der Eigenschaften dieses Fotos sind in der unteren Leiste zu erkennen. Dort gibt es unter anderem ein Feld Namens **Markierungen:** In diesem Feld steht zunächst **Markierung hinzufügen** (Pfeil 2). Den Text können Sie verändern.

Klicken Sie dazu einfach in dieses Feld hinein und schreiben Sie die Zahl **1** dort hinein (Pfeil 1). Anschließend klicken Sie rechts auf die Schaltfläche **Speichern** (Pfeil 2).

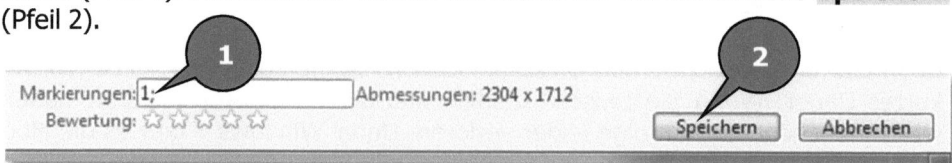

Das soeben mit der Zahl **1** markierte Foto wandert an die erste Stelle im aktuellen Ordner (Pfeil 3).

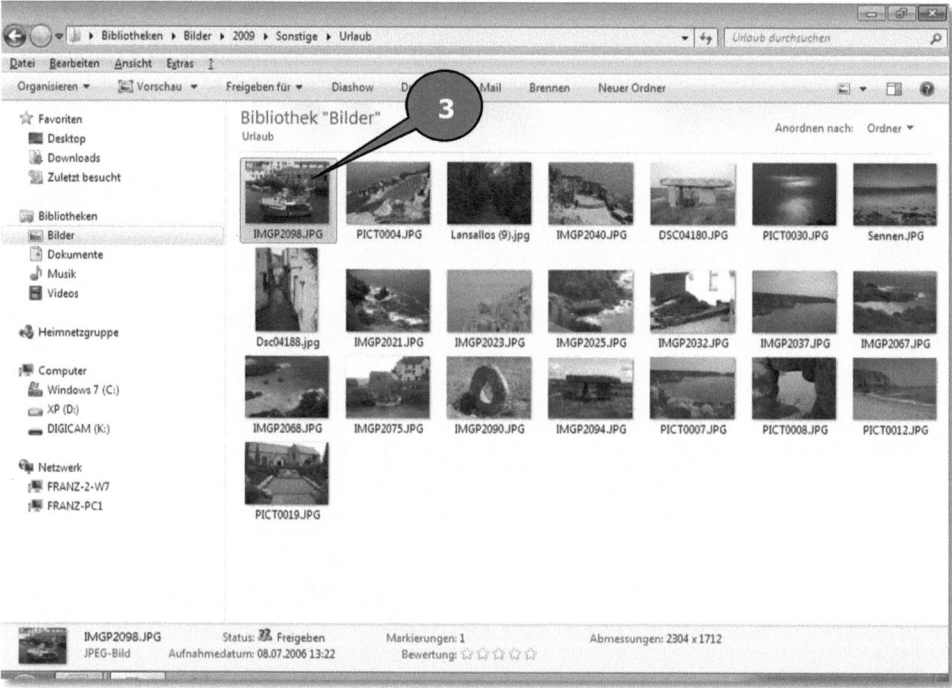

Nach diesem Vorgang kann es sein, dass das Foto zunächst zweimal zu sehen ist. Drücken Sie dann einfach auf der Tastatur einmal auf die Taste **F5**. Damit wird das Fenster aktualisiert und das überzählige Foto verschwindet. Jetzt müssen Sie nur noch den anderen Fotos eine entsprechende Nummer in das Feld **Markierungen:** schreiben, damit alle Fotos in der von Ihnen gewünschten

Reihenfolge erscheinen. Selbst wenn Sie jetzt die Sortierung z.B. nach Datum einstellen, können Sie anschließend wieder nach Markierungen sortieren lassen und erhalten wieder die gewünschte Reihenfolge. Dazu lesen Sie sich bitte das Kapitel **Ansichten und Sortierung** durch.

Fotos verschieben

Fotos zu verschieben geht im Grunde technisch genauso wie Fotos zu kopieren. Ob Sie ein, mehrere (mit Shift oder Strg) oder alle Fotos markieren, ist immer der gleiche Vorgang. Nur klicken Sie jetzt im Menü **Organisieren** oder im **Kontextmenü** nicht auf den Befehl **Kopieren**, sondern auf **Ausschneiden**. Oder Sie verwenden das Tastaturkürzel **Strg-x**. In allen Fällen werden das markierte Foto oder die markierten Fotos etwas blasser erscheinen (Pfeil 1). Das ist für Sie das Zeichen, das dieses Foto oder diese Fotos zum Verschieben vorgemerkt sind. Sie müssen jetzt nur noch den neuen Zielordner aufsuchen und das Foto oder die Fotos einfügen (Menübefehl **Oranisieren/Einfügen** oder über das Kontextmenü **Einfügen** oder **Strg+v**). Damit werden dann das Foto oder die Fotos im Ursprungsordner gelöscht und im Zielordner eingefügt. Beachten Sie dabei bitte, dass auch das über die Zwischenablage passiert (Siehe Kapitel **Fotos kopieren**). Diese Zwischenablage kann sich nur eine Sache merken. Aber das ziemlich lange!

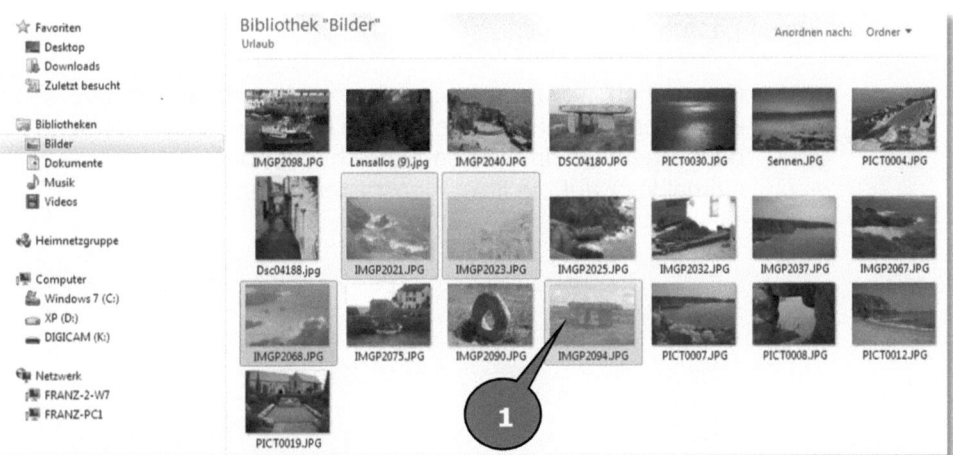

Ein Foto umbenennen

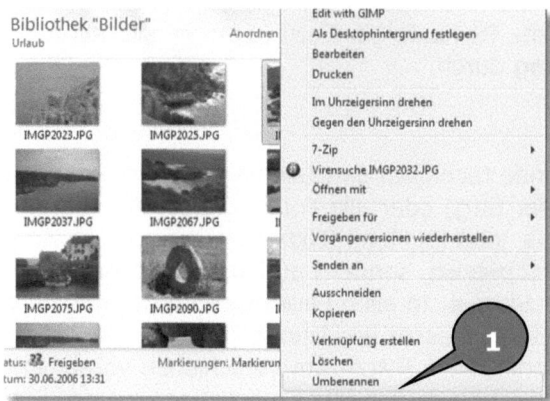

Digitalkameras speichern die Fotos mit Namen, die ziemlich nichtssagend sind. In der Regel bestehen die Namen aus drei bis vier Buchstaben, gefolgt von einer vierstelligen Zahl. Wenn Sie nun einem Foto einen markanten Namen zuteilen wollen, geht das recht einfach. Damit man besser sieht, was man da tut, sollte man eine Ansichtsform mit einer Miniaturansicht auswählen. Z.B. Große Symbole. Bewegen Sie nun den Mauszeiger auf das umzubenennende Foto. Machen Sie einen kurzen Klick mit der rechten Maustaste und wählen Sie aus dem Kontextmenü den Befehl **Umbenennen** (Pfeil 1) per Linksklick aus. Sofort erscheint das ausgesuchte Bild mit einem dünnen schwarzen Rahmen um das Namensfeld. Der Name des Fotos ist blau hinterlegt. Das bedeutet, dass der Name, der dort steht, vollständig gelöscht wird, wenn Sie die erste Taste, auf Ihrer Tastatur, drücken. Ersetzen Sie den Namen durch einen, der Ihnen passend erscheint.

Gespeichert wird der neue Name, indem Sie entweder einmal auf die **Enter**-Taste drücken oder irgendwo im leeren Bereich des Ordners einmal kurz auf die linke Maustaste klicken.

Anker mit Kette.JPG

Alle Fotos umbenennen

Sie können Fotos natürlich viel einfacher zuordnen, wenn die Fotos alle einen einprägsamen Namen haben. Wer erinnert sich nach zehn Jahren schon noch an jeden Ort, an dem er fotografiert hat. Und die Buchstaben und Zahlen im Namen sind nun wirklich nicht hilfreich. Der Windows-Explorer hält dafür eine tolle Funktion bereit. Suchen Sie zunächst den Ordner auf, in dem Sie alle Fotos umbenennen möchten. Drücken Sie einmal die Tastenkombination **Strg+a** um alle Bilder in diesem Ordner auf einmal zu markieren. Bewegen Sie den Mauszeiger nun auf das erste Foto im Ordner (Das ist wichtig!) und drücken Sie einmal kurz auf die rechte Maustaste. Wählen Sie den Befehl **Umbenennen** (Pfeil 1) aus dem Kontextmenü durch einen Linksklick aus.

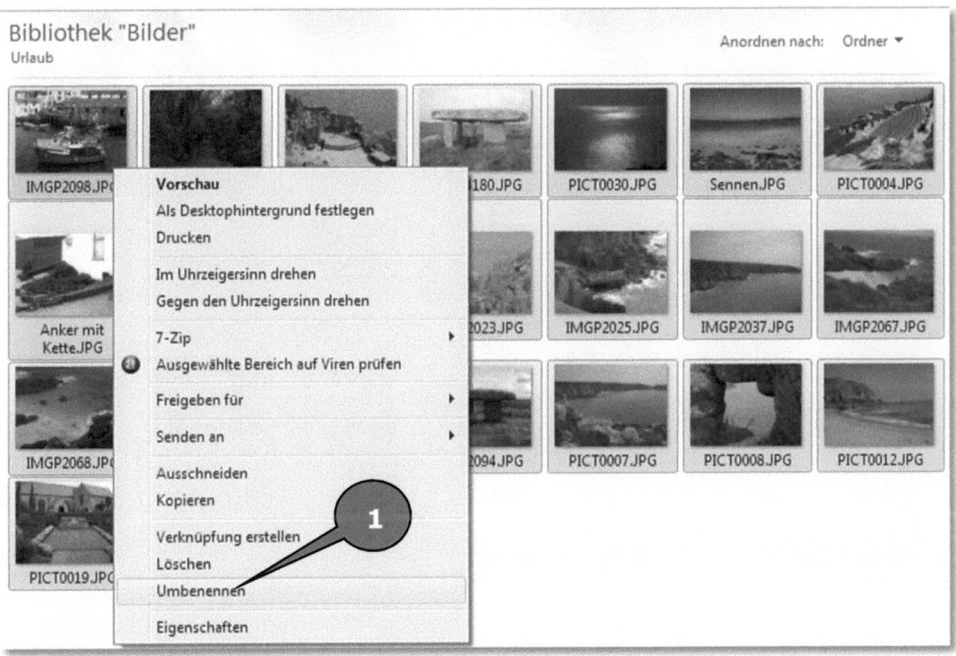

Daraufhin erscheint um das Namensfeld des ersten Fotos eine dünne, schwarze Linie. Der Teil des Namens, den Sie ändern können, ist blau hinterlegt und kann jetzt geändert werden. Die Dateiendung **.JPG** sollten Sie keinesfalls ändern, da sonst möglicherweise Ihre Fotos unbrauchbar werden. Schreiben Sie den gewünschten Namen. Den geänderten Namen speichern Sie durch Drücken der **Enter**-Taste oder einen Linksklick mit der Maus im leeren Bereich des Fensters. Daraufhin werden alle markierten Fotos auf einen Schlag umbenannt. Alle Fotos bekommen jetzt auf einmal den neuen Namen und haben zusätzlich, in Klammern, eine laufende Nummer.

Ansichten

Der Windows-Explorer bietet verschiedene Ansichtsformen für Ordner und Dateien. Da wären **Inhalt, Kacheln, Details, Liste, Kleine Symbole, Mittelgroße Symbole, Große Symbole und Extra große Symbole.** Alle haben ihre Daseinsberechtigung. Sie werden vielleicht nicht alle davon einsetzen. Da diese Ansichtsformen aber nicht nur für Fotos, sondern für jede Art von Datei und Ordnern gelten, sollte man sie zumindest alle mal gesehen haben. Es gibt drei Möglichkeiten die Ansichtsform zu ändern. Ich muss gestehen, dass ich obwohl ich ein Rationalisierungsfan bin, immer nur eine dieser Möglichkeiten nutze. Das liegt daran, dass diese eine Möglichkeit an vielen Stellen in Windows genauso auftaucht.

Ansicht ändern mit der rechten Maustaste

Das kann schon mal etwas kniffliger sein. Egal in welcher Ansicht Sie sich befinden, Sie müssen den Mauszeiger irgendwo zwischen die Dateien bewegen oder wenn vorhanden in den leeren Bereich unter den Fotos, und dann einmal kurz auf die rechte Maustaste klicken. Darauf öffnet sich ein Kontextmenü, in dem sich der Befehl **Ansicht** (Pfeil 1) befindet. Wenn Sie mit dem Mauszeiger auf diesen Befehl gehen, klappt seitlich ein weiteres Menü auf, aus dem Sie die gewünschte Ansichtsform (Pfeil 2) mit einem Linksklick auswählen.

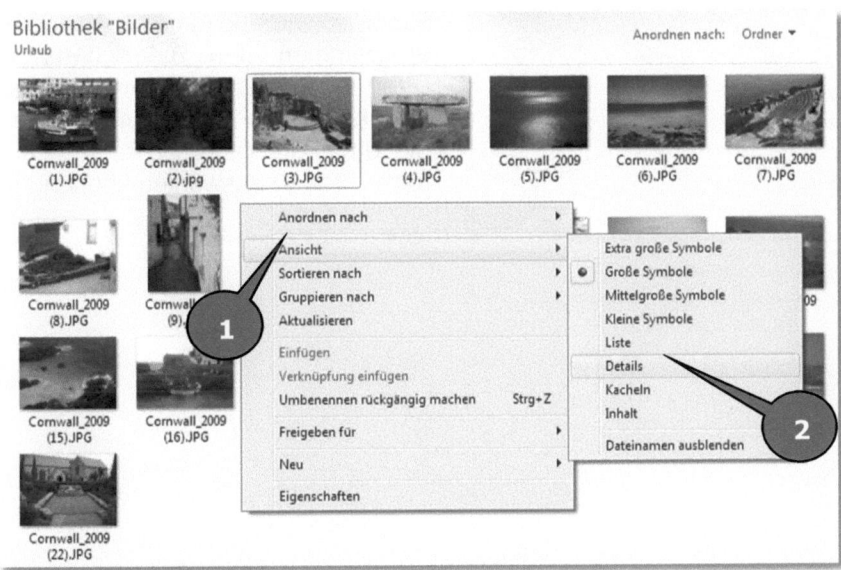

Ansicht ändern über die Menüleiste

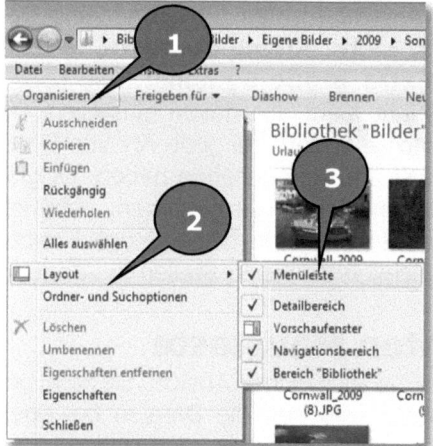

Dazu muss die Menüleiste zunächst einmal eingeblendet sein. Im „Normalzustand" ist sie das nämlich nicht. Um die Menüleiste einzublenden, klicken Sie auf den Befehl Organisieren (Pfeil 1), dann auf Layout (Pfeil 2) und noch auf Menüleiste (Pfeil 3).

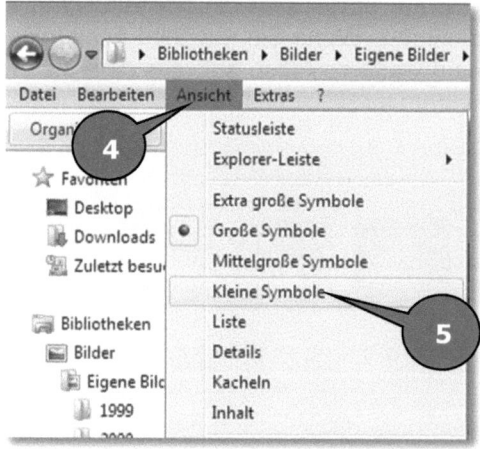

Viele PC-Anwender sind über Jahre auf die Bedienung von Programmen über die Menüleiste getrimmt worden. Dort gibt es im Windows-Explorer, wie auch in vielen anderen Programmen den Befehl **Ansicht** (Pfeil 4). Klicken Sie einmal auf diesen, klappt ein Menü auf, aus dem Sie dann die gewünschte Ansichtsform (Pfeil 5) auswählen können.

Ansicht ändern über die Symbolleiste

 Das ist mein Favorit. In der Symbolleiste gibt es, rechts oben, ein Symbol (Pfeil 1).

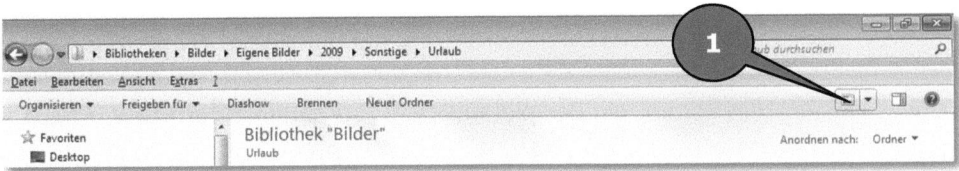

Damit kann man die Ansichtsform auf zwei verschiedene Art und Weise ändern. Klicken Sie direkt auf das Symbol (Pfeil 2), wechselt die Ansichtsform zur Nächsten in der Liste. Also z.B. von Liste auf Details. Dabei verändert sich das Symbol. Es stellt Ihnen die aktuelle Einstellung stilistisch dar.

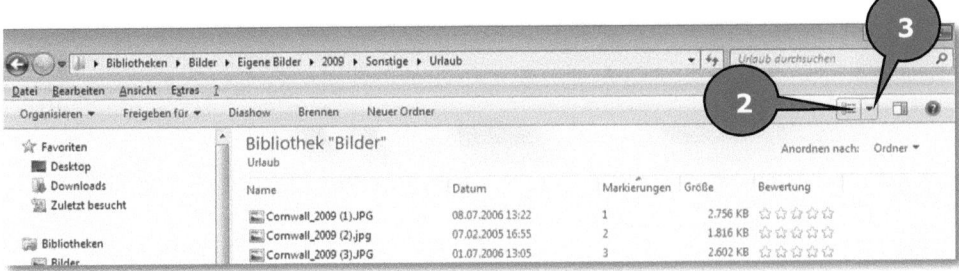

Klicken Sie statt direkt auf das Symbol auf den kleinen schwarzen Pfeil daneben (Pfeil 3), öffnet sich ein Menü, aus dem Sie die Ansichtsform durch einen Linksklick direkt auswählen können. Oder bewegen Sie den Schieberegler mit gedrückter linker Maustaste auf die gewünschte Ansichtsform (Pfeil 4).

- Extra große Symbole
- Große Symbole
- Mittelgroße Symbole
- Kleinere Symbole
- Liste
- Details
- Kacheln
- Inhalt

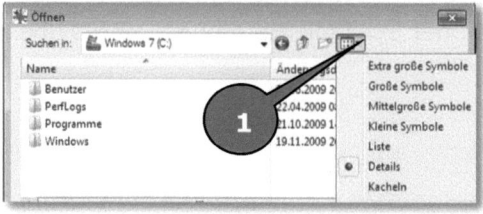

Dieses Symbol taucht auch bei vielen Programmen auf, wenn Sie dort eine Datei öffnen oder speichern wollen. Gerade bei Fotos ist das dann eine praktische Sache. Achten Sie bei der Arbeit am PC mal darauf. Manchmal ist das Symbol allerdings etwas kleiner. Hier kommt ein Beispiel aus dem Programm **IrfanView** (Pfeil 1).

Die Ansichtsformen

Inhalt

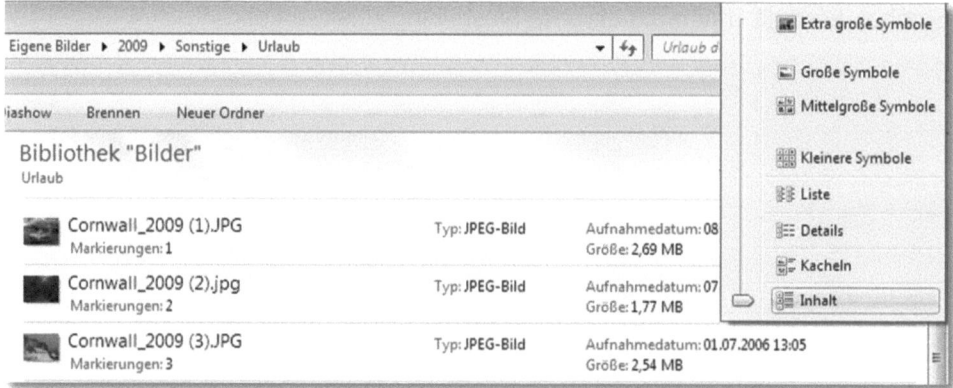

Die **Inhalt**-Ansicht zeigt Ihnen eine Liste der im Ordner vorhandenen Dateien an. Sie sehen eine kleine Miniaturansicht des Fotos, den Namen und Dateityp, sowie Informationen über das Aufnahmedatum und die Dateigröße.

Kacheln

Die Ansichtsform **Kacheln** zeigt Ihnen eine andere Anordnung der Fotos. Die zusätzlichen direkt sichtbaren Informationen zu jedem Foto beschränken sich jetzt auf den Namen, den Dateityp sowie die Dateigröße.

Details

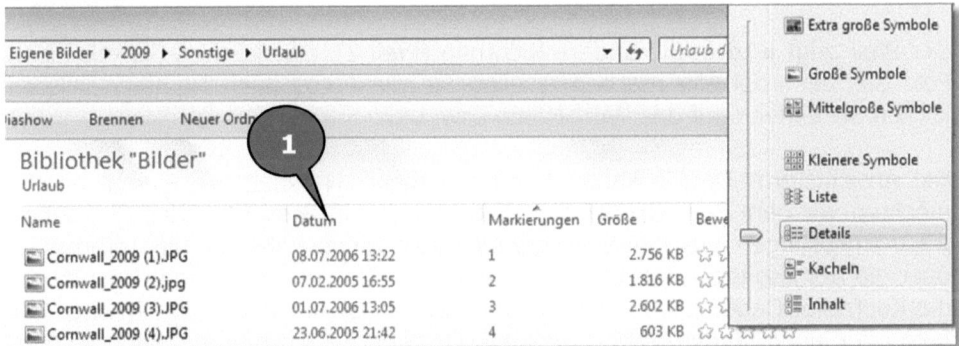

Die Ansichtsform Details ist sehr interessant, weil man sie anpassen kann. Über der Liste der Dateien befindet sich eine Kopfzeile mit Begriffen wie **Name, Datum, Markierung, Größe** usw. Diese Felder sind Sortierfelder. Wenn Sie z.B. auf das Wort **Datum** (Pfeil 1) einmal klicken, werden alle Dateien in diesem Ordner nach Datum aufsteigend sortiert.

Bibliothek "Bilder"					Anordnen nach:	Ordner ▾
Urlaub						
Name	Datum		Markierungen	Größe	Bewertung	
Cornwall_2009 (1).JPG	08.07.2006 13:22		1	2.756 KB	☆ ☆ ☆ ☆ ☆	
Cornwall_2009 (18).JPG	07.07.2006 13:01			1.194 KB	☆ ☆ ☆ ☆ ☆	
Cornwall_2009 (17).JPG	07.07.2006 12:27			2.753 KB	☆ ☆ ☆ ☆ ☆	
Cornwall_2009 (16).JPG	06.07.2006 17:10			2.625 KB	☆ ☆ ☆ ☆ ☆	
Cornwall_2009 (15).JPG	04.07.2006 13:00			2.806 KB	☆ ☆ ☆ ☆ ☆	

Das können Sie an dem kleinen Pfeil über dem Wort **Datum** erkennen (Pfeil 1). Klicken Sie erneut auf das Wort **Datum**, werden die Dateien in diesem Ordner nach Datum absteigend sortiert.

Bibliothek "Bilder"					Anordnen nach:	Ordner ▾
Urlaub						
Name	Datum		Markierungen	Größe	Bewertung	
Cornwall_2009 (2).jpg	07.02.2005 16:55		2	1.816 KB	☆ ☆ ☆ ☆ ☆	
Cornwall_2009 (6).JPG	15.02.2005 16:02		6	1.686 KB	☆ ☆ ☆ ☆ ☆	
Cornwall_2009 (7).JPG	16.02.2005 14:36		7	1.888 KB	☆ ☆ ☆ ☆ ☆	
Cornwall_2009 (19).JPG	16.02.2005 14:37			1.985 KB	☆ ☆ ☆ ☆ ☆	

Der Pfeil zeigt jetzt in die andere Richtung (Pfeil 2). Das können Sie mit jedem Feld aus der Kopfzeile machen. Wollen Sie die Fotos nach Namen sortieren, klicken Sie einfach auf das Wort Name usw. usw.

Die Ansichtsform Details kann aber noch mehr. Nehmen wir einmal an, Sie möchten vor dem Feld **Größe** die Abmessungen in Pixel für jedes Bild sehen. Die Abmessungen werden aber gerade nicht angezeigt. Um die Information über die Abmessungen einzublenden, bewegen Sie den Mauszeiger irgendwo in die Kopfzeile. Dabei ist es egal, ob der Mauszeiger auf dem Wort **Name**, **Datum** oder einem anderen Wort verweilt. Drücken Sie jetzt einmal kurz die rechte Maustaste und wählen Sie aus dem Kontextmenü den Befehl **Abmessungen**.

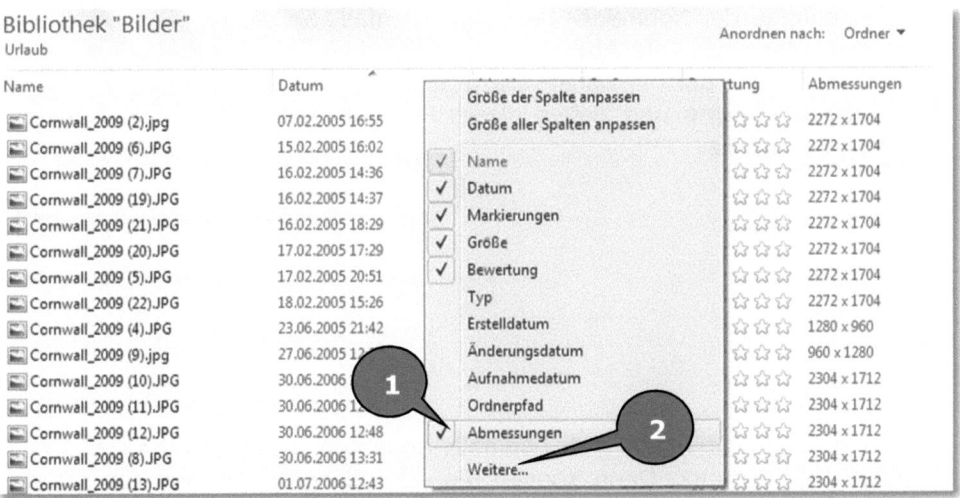

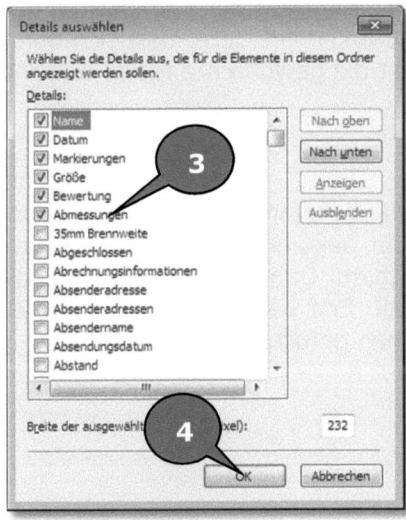

Ist der Befehl **Abmessungen** (Pfeil 1) nicht im Kontextmenü, müssen Sie jetzt noch auf **Weitere...** (Pfeil 2) klicken. Setzen Sie durch einfachen Klick das Häkchen vor **Abmessungen** (Pfeil 3) und klicken Sie anschließend auf die Schaltfläche **OK** (Pfeil 4). Auf diese Art und Weise lassen sich Informationen über jede Datei beliebig ein- und natürlich auch ausschalten. Um eine Information auszublenden, müssen Sie lediglich das Häkchen davor durch einfachen Klick entfernen und dann auf **OK** klicken.

Die Reihenfolge der Kopffelder lässt sich ebenfalls an die eigenen Bedürfnisse anpassen. Wenn das Feld **Abmessungen** vor dem Feld **Größe** sein soll, müssen Sie es einfach dorthin ziehen. Dazu gehen Sie mit dem Mauszeiger auf das Wort **Abmessungen** und ziehen dieses Feld mit gedrückter linker Maustaste vor das Feld **Größe**.

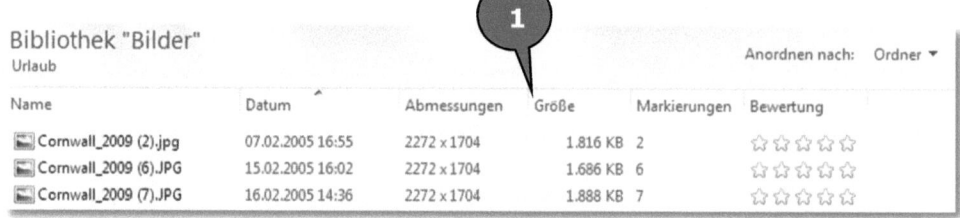

Die Länge der Felder lässt sich ebenfalls anpassen. Manchmal ist vielleicht irgendein Feld zu kurz. Dann können Sie es verlängern, in dem Sie mit dem Mauszeiger exakt auf die Trennlinie zum nächsten rechten Feld gehen (Pfeil 1) und dann die linke Maustaste gedrückt halten. Aufgrund der Farbigkeiten von Windows 7 ist die Trennlinie oft nur schwer zu erkennen. Jetzt lässt sich durch bewegen der Maus die Feldlänge verändern. Ist die gewünschte Größe erreicht, lassen Sie einfach die linke Maustaste los.

Liste

Die Ansichtsform **Liste** ist recht spartanisch. Sie bekommen ein winziges Piktogramm sowie den Dateinamen angezeigt. Dafür bekommen Sie aber eine größere Anzahl Dateien auf einmal auf den Bildschirm. Dabei werden die Symbole und Namen zunächst untereinander angeordnet. Erst wenn eine Spalte voll ist, wird die nächste Spalte mit Symbolen und Namen gefüllt.

Kleinere Symbole

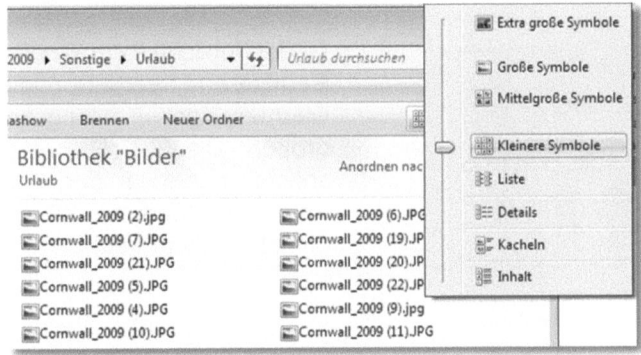

Die Ansichtsform **Kleinere Symbole** ist genauso spartanisch wie die Ansichtsform Liste. Die beiden unterscheiden sich im Grunde nur durch die Anordnung der Symbole und Dateinamen. Bei **Kleinere Symbole** werden erst die Zeilen gefüllt. Ist eine Zeile

voll, wird die nächste Zeile gefüllt.

Mittelgroße Symbole

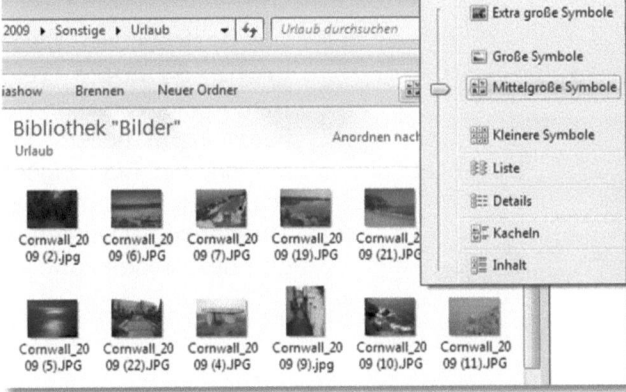

In dieser Ansichtsform bekommen Sie eine kleine Vorschau der Fotos im aktuellen Ordner, sowie den dazugehörigen Dateinamen angezeigt. Diese kleinen Vorschaubilder nennt man Thumbnails, also Daumennagel.

Große Symbole

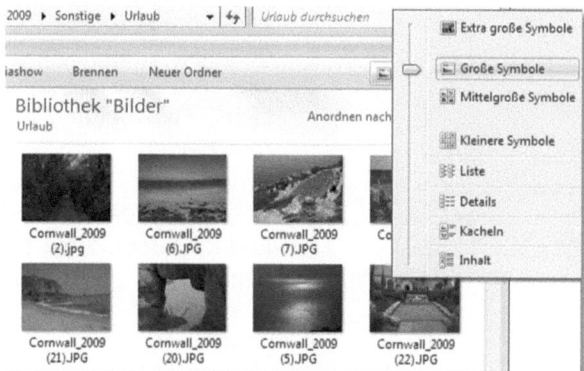

In der Ansichtsform **Große Symbole** werden die Daumennägel langsam größer. Diese Größe entspricht in etwa der, die man aus Windows XP als Miniaturansicht kennt.

Extra große Symbole

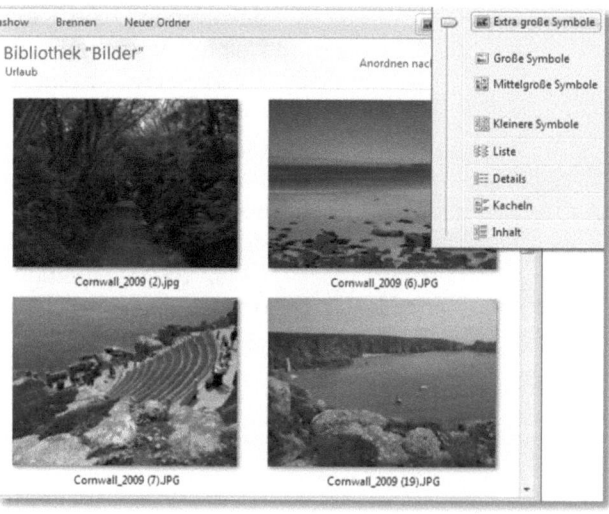

Die Ansichtsform **Extra große Symbole** zeigt Ihnen eine Vorschau der Fotos im aktuellen Ordner an, die man eigentlich schon nicht mehr als Thumbnail (Daumennagel) bezeichnen kann ☺.

Zusätzliche Informationen

Um sich schnell einen Überblick über alle wichtigen Informationen eines Fotos zu verschaffen, ohne die Ansichtsform zu wechseln, können Sie den Mauszeiger auf einem Foto in einer beliebigen Ansichtsform verweilen lassen. Daraufhin wird ein kleines Hilfsfenster eingeblendet, das alle wichtigen Informationen enthält.

Dateinamen ausblenden

Bei der Arbeit mit Fotos, in den Ansichtsformen mit Vorschaubildchen (Thumbnails) benötigt man nicht unbedingt den Dateinamen. Wenn Sie diesen nicht angezeigt bekommen wollen, klicken Sie einfach auf den Menübefehl **Ansicht/Dateinamen ausblenden**.

Sortierungen

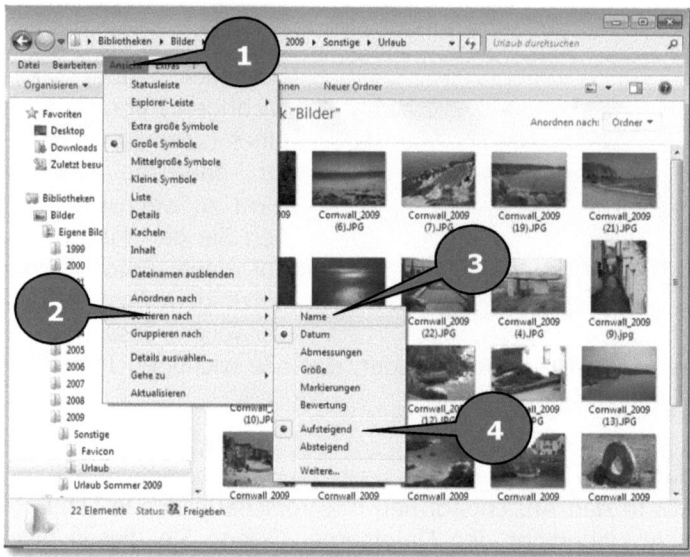

Sie haben ja schon in der Ansichtsform Details gelernt, wie Sie die Sortierung der Dateien in einem Ordner verändern können. Für einen Schnellschuss, und das in jeder beliebigen Ansichtsform, bietet sich eine andere Funktion an. Dazu klicken Sie auf den Menübefehl **Ansicht /Sortieren nach** (Pfeile 1&2)

und wählen dann die Sortiermethode aus (Pfeil 3). Sie können in diesem Menü auch auswählen, ob die Dateien auf- oder absteigend sortiert werden sollen (Pfeil 4). Natürlich lässt sich der Befehl **Sortieren nach** auch über einen Klick auf die rechte Maustaste aus dem Kontextmenü aufrufen.

Anordnen nach

Rechts über den Fotos befindet sich ein Auswahlmenü **Anordnen nach**. Wenn Sie dort auf den kleinen Pfeil klicken (Pfeil 1). Können Sie auswählen, wie die Dateien angeordnet werden sollen. In diesem Beispiel wurde die Anordnung nach Monat gewählt. Wenn Sie jetzt nur die Fotos z.B. vom Juni 2006 betrachten wollen, brauchen Sie nur noch den Mauszeiger auf die entsprechende Gruppe zu bewegen, einen Rechtsklick zu machen, den Befehl **In neuem Fenster öffnen** anzuwählen und schon sehen Sie nur diese Fotos in einem eigenen Windows-Explorer-Fenster. Von dort könnten Sie die Fotos auch leichter irgendwo anders hin kopieren.

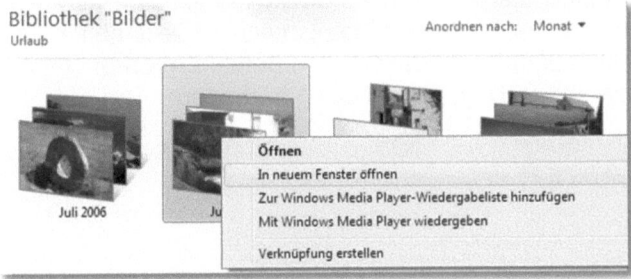

Wenn Sie wieder zurück wollen in die ursprüngliche Anzeigeform, klicken Sie bei **Anordnen nach** einfach auf **Ordner**.

Kleine Vorschau

In der Ansichtsform Details sieht man ja nicht, wie ein Foto aussieht. Dafür hat man aber eine Menge Zusatzinformationen. Damit man aber wenigstens die Vorschau eines Fotos sieht, gibt es etwas, was ich immer gerne die „kleine" Vorschau nenne.

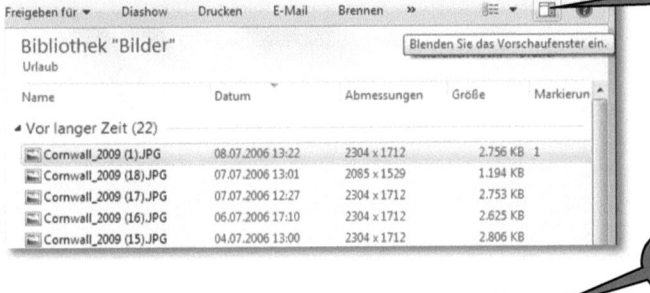

Ein Klick auf das Symbol (Pfeil 1) schaltet die „kleine" Vorschau ein.

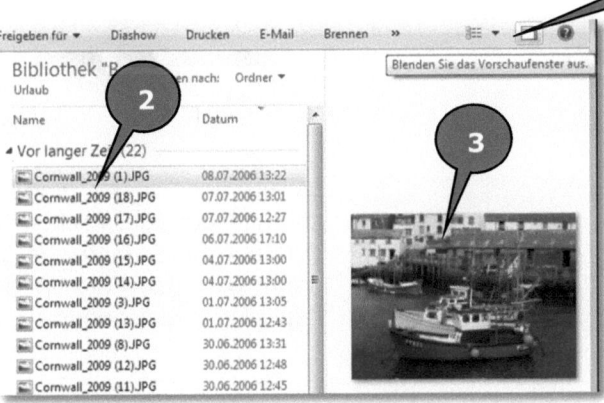

Am rechten Fensterrand sehen Sie dann ein Miniaturbild von dem Foto, dass Sie durch einfachen Klick markiert haben (Pfeile 2&3). Ein erneuter Klick auf das Symbol (Pfeil 4) schaltet die „kleine" Vorschau wieder aus.

Fotos löschen

Gefällt Ihnen ein Foto nicht und Sie möchten es direkt löschen, bewegen Sie den Mauszeiger einfach auf das zu löschende Foto, machen Sie einen kurzen Rechtsklick und wählen Sie aus dem Kontextmenü den Befehl **Löschen** (Pfeil 1) per Linksklick aus. Das funktioniert übrigens in jeder Ansichtsform.

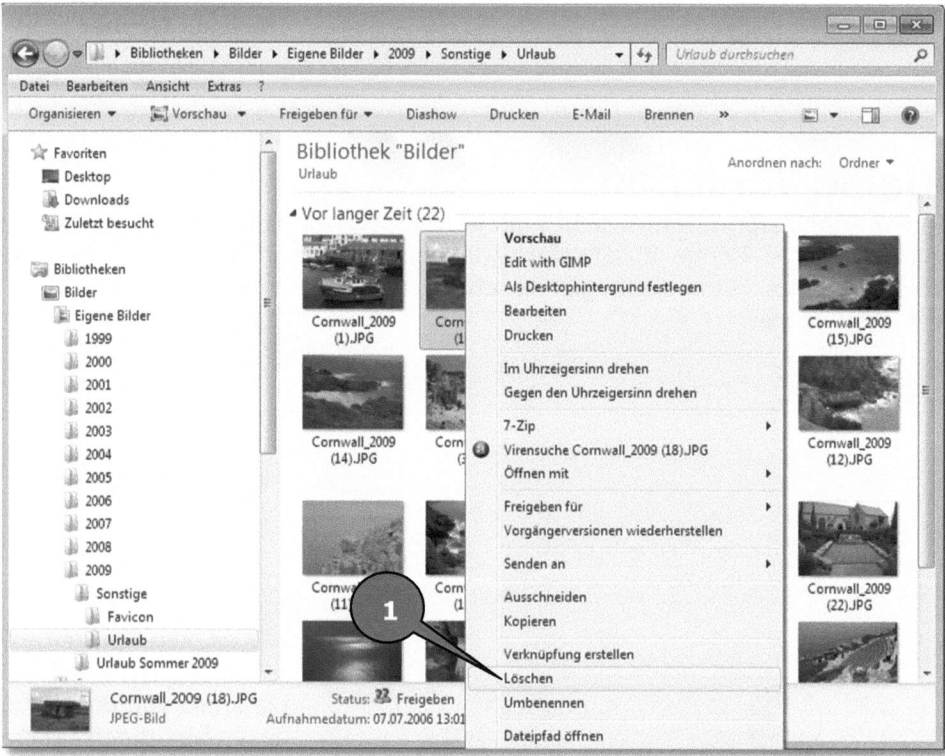

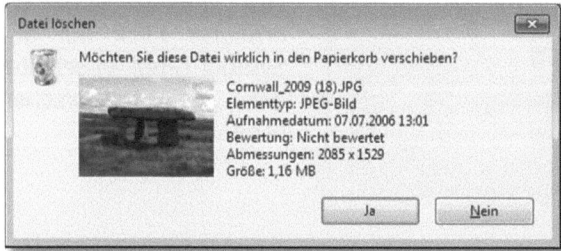

Es erscheint noch eine Sicherheitsabfrage. Klicken Sie dort auf die Schaltfläche **Ja**, dann wird das Foto in den Papierkorb verschoben.

Vorschau

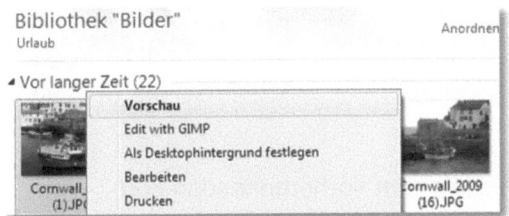

Die bereits vorgestellten Ansichtsformen zeigen ein Foto ja nicht wirklich in der ganzen Pracht. Und jedes Mal ein Foto, welches man betrachten möchte, erst mit einem Bildbearbeitungsprogramm zu starten macht es ja auch nicht besser, weil das oft viel Zeit kostet. Es gibt aber eine schöne Funktion, die sich **Vorschau** nennt, mit der man sich ein Foto oder viele Fotos nacheinander, in einer vernünftigen, bildschirmfüllenden Größe, ansehen kann. Dazu bewegen Sie den Mauszeiger auf das gewünschte Foto, machen einen kurzen Rechtsklick mit der Maus und wählen den Befehl **Vorschau** mit einem Linksklick aus. Das sich öffnende Fenster können Sie auch maximieren, wenn es nicht schon maximiert sein sollte. Damit können Sie das Foto in maximaler Fenstergröße sehen.

An der Unterseite dieses Fensters gibt es eine ganze Reihe kleiner Schaltflächen. Sie haben folgende Funktionen:

 Wechselt im aktuellen Verzeichnis zum vorhergehenden Foto.

 Wechselt im aktuellen Verzeichnis zum nächsten Foto.

 Startet eine automatische Dia-Show mit den Fotos im aktuellen Verzeichnis. Die Dia-Show kann durch Drücken der **ESC**-Taste unterbrochen werden. Alle 5 Sekunden erscheint ein anderes Foto. Mit einem Linksklick können Sie schneller weiterblättern. Ein Rechtsklick und dann auf **Zurück** führt Sie zum vorhergehenden Foto.

 Zeigt einen Schiebebalken an, mit dem Sie stufenlos in das Bild hinein und wieder herauszoomen können.

 Dreht das aktuelle Foto bei jedem Klick um 90° im Uhrzeigersinn.

 Dreht das aktuelle Foto bei jedem Klick um 90° gegen den Uhrzeigersinn.

 Löscht das aktuelle Foto nach einer zusätzlichen Sicherheitsabfrage.

Verknüpfung mit einem anderen Programm

Alle Dateien sind mit irgendeinem Programm verknüpft. Mit welchem Programm diese Verknüpfung besteht, merken Sie, wenn Sie eine Datei im Windows-Explorer doppelklicken. Dann wird diese Datei in dem verknüpften Programm gestartet. Bei Fotos ist das genauso. Nehmen wir nun einmal an, Sie hätten ein neues Bildbearbeitungsprogramm installiert um es zu testen oder vielleicht auch nur, weil Sie eine bestimmte Funktion darin gut finden. Dummerweise will dieses neue Programm jetzt der Chef auf Ihrer Festplatte sein und hat alle Verknüpfungen auf sich selbst umgebogen. D.h. Bei einem Doppelklick auf ein Foto werden die Fotos jetzt nicht mehr in dem von Ihnen favorisierten Programm gestartet, sondern in diesem „Neuen". Das ist zwar ärgerlich, lässt sich aber einfach wieder hinbiegen. Dazu machen Sie auf einem Ihrer Fotos einen Rechtsklick und wählen den Befehl **Öffnen mit** (Pfeil 1).

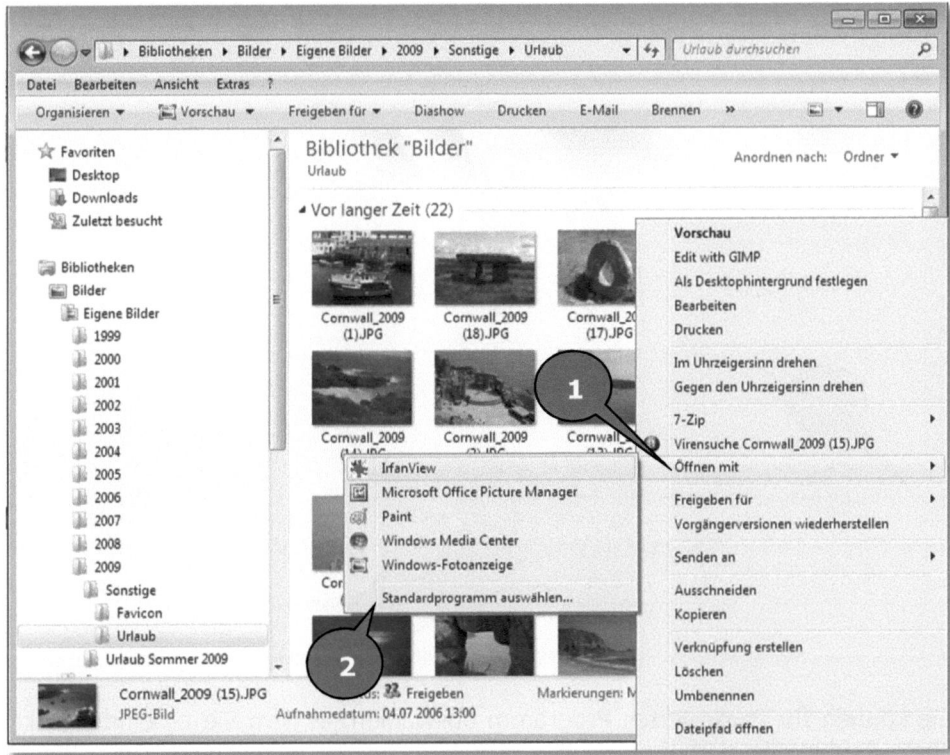

Dabei klappt seitlich ein weiteres Menü auf. Dort könnten Sie jetzt ein mögliches ein Programm durch einen Linksklick auswählen. Die Fotodatei, auf der Ihr Mauszeiger gerade ruhte, wird dann in dem entsprechenden Programm geöffnet. Wenn Sie jedoch möchten, dass zukünftig alle Fotos mit dem von Ihnen gewünschten Programm geöffnet werden, klicken Sie bitte auf **Standardprogramm auswählen...** (Pfeil 2). Folgendes Fenster öffnet sich daraufhin.

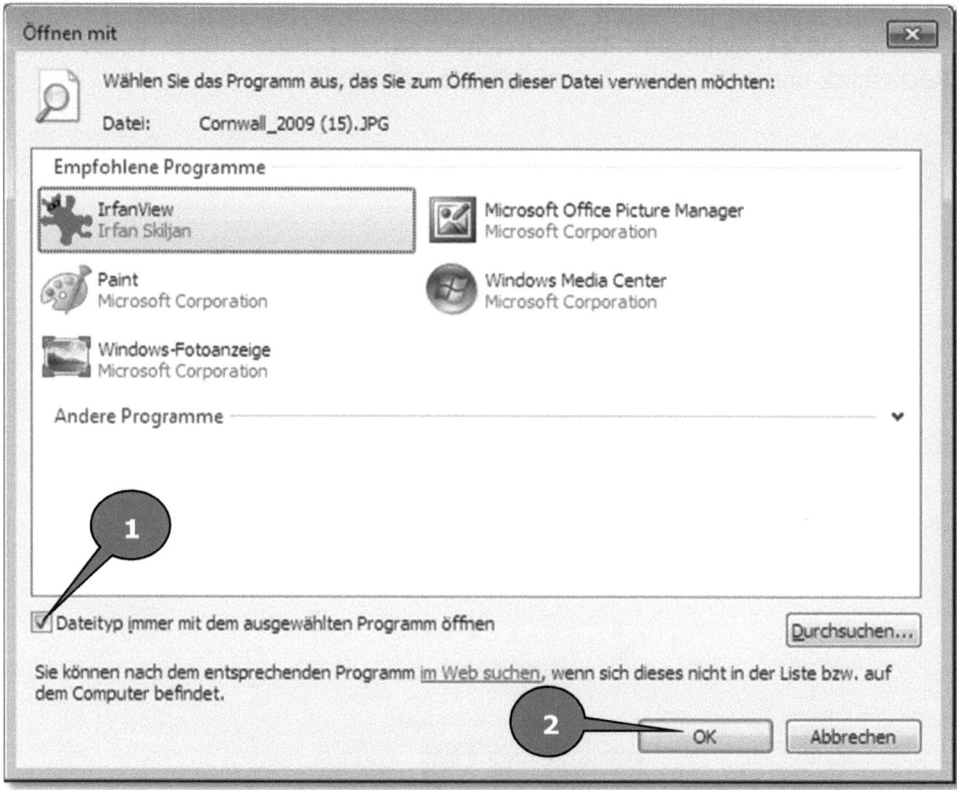

Sie können Ihr favorisiertes Programm auswählen, in dem Sie es einmal ankli-cken. Achten Sie darauf, dass das Häkchen gesetzt ist bei **Dateityp immer mit dem ausgewählten Programm öffnen** (Pfeil 1). Wenn Sie dann noch auf die Schaltfläche **OK** (Pfeil 2) klicken, werden künftig alle Dateien gleichen Typs, bei Fotos meist JPG, mit dem Programm Ihrer Wahl geöffnet, wenn Sie sie doppelklicken.

Mit CD, DVD oder Blu-ray arbeiten

Computer, egal ob Notebook oder Desktop-Modell, werden kaum noch ohne CD- oder DVD-Brenner ausgeliefert. In der gehobenen Preisklasse finden sich mittlerweile sogar Blu-ray-Laufwerke in den PCs. Egal ob CD, DVD oder Blu-ray, eines haben Sie alle gemeinsam. Sie haben ein großes Fassungsvermögen. Diese Datenträger bezeichnet man auch als Wechseldatenträger. Anders als eine Festplatte, kann man einen solchen Wechseldatenträger während des laufenden Rechnerbetriebs herausnehmen und wenn man will einen anderen wieder einlegen. Bis vor wenigen Jahren war das Wechselmedium schlechthin ein Diskettenlaufwerk. Mit einem Fassungsvermögen von nur 1,44 Mbyte ist es für aktuelle Programme aber viel zu klein. Selbst die CD mit Ihren 650 Mbyte stößt schon oft an die Grenzen. Große Programme werden mittlerweile auf einer oder sogar zwei DVDs ausgeliefert. Die DVD hat dabei eine Kapazität von 4,7 GByte. So genannte Doublelayer (Doppellagige) DVDs bringen es sogar auf 9,3 GByte. Filme sind übrigens oft auf diesen Doublelayer-DVDs. Wir alle sammeln heute so viele Daten auf unseren Festplatten, dass selbst solche Kapazitäten langsam aber sicher nicht mehr ausreichen, wenn man diese Daten auch mal sichern möchte. Dem trägt die Industrie gerne Rechnung ☺. Der neue Standard heißt Blu-ray. Blu-rays sehen auf den ersten Blick aus, wie eine DVD oder CD. Es geht aber wesentlich mehr drauf. Blue-rays gibt es aktuell mit Kapazitäten von 25 und 50 GByte. Ein solcher Wechseldatenträger, ob CD, DVD oder Blu-ray, kann über den Windows-Explorer angeklickt werden. Meist hat dieser Datenträger einen Namen. Das kann das Datum sein, wann dieser Datenträger gebrannt bzw. gepresst wurde. Es kann aber auch sein, dass er einen Namen trägt, der einen direkten Bezug auf den Inhalt zulässt. Das könnte der Name eines Films oder eines Programms sein. Sie finden den Datenträger im Windows-Explorer in der linken Spalte unter dem Begriff **Computer**. Im linken Beispiel sehen Sie, dass der Datenträger

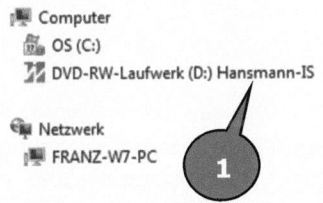

den Namen *Hansmann-IS* trägt (Pfeil 1). Wenn Sie die Automatische Wiedergabe (Siehe entsprechendes Kapitel) nicht abgeschaltet haben, wird nach dem Einlegen eines Datenträgers ein kleines Fenster erscheinen. Dort werden Sie gefragt, was Sie denn gerne mit dem Datenträger machen möchten. In den ersten Sekunden nach dem Einlegen hat Windows 7 bereits analysiert, was sich auf dem Datenträger befindet und bietet Ihnen darauf angepasste Möglichkeiten an.

Bei dieser Beispiel-CD kann ich entweder ein Programm mit Namen **AutoRun.exe** ausführen, was in diesem Fall die Benutzeroberfläche der CD zeigen würde oder ich klicke auf **Ordner öffnen, um Dateien anzuzeigen**, wenn ich nur den Inhalt des Datenträgers durchforsten möchte. Bei anderen Datenträgern erscheinen andere Menüs. Im folgenden Beispiel wurde ein Datenträger mit einem Film eingelegt. Windows bietet mir gleich an, die DVD zu starten. Wenn Sie Datenträger mit gemischten Inhalten wie z.B. Fotos, Musik, Filme und sonstige Daten einlegen, die Liste möglicher Optionen auch deutlich länger werden. Wählen Sie selber aus, was Sie machen möchten und klicken Sie einmal auf die entsprechende Schaltfläche.

In einem Punkt verhält sich so ein Datenträger anders als Ihre Festplatte. Sie können von einem Datenträger Daten herunterkopieren, Sie können Sie aber nicht löschen oder neue darauf brennen. Es gibt einige Ausnahmen von dieser Behauptung ☺. Das sollte Ihnen aber in der Anleitung Ihres Brennprogramms beschrieben werden.

CD/DVD oder Blu-ray brennen

Kauf CDs, DVDs oder Blu-rays sind meist gepresst. Wenn Sie selber Daten auf einen solchen Datenträger bekommen möchten, benötigen Sie leere Rohlinge, ein entsprechendes Brenngerät (ist meist in Ihrem PC eingebaut) und ein Brenn-Programm. Irgendein Brennprogramm ist oft auch schon auf einem neuen PC vorinstalliert. Windows 7 bringt aber bereits ein einfaches Brennprogramm mit. Es bietet zwar nicht viele Möglichkeiten, ist aber dafür sehr einfach zu bedienen.

Nehmen wir dazu mal an, Sie wollten im Ordner **Bibliotheken/Bilder** den Unterordner **Beispielbilder** auf eine CD brennen. Wenn Sie den Ordner so wie im folgenden Beispielbild einmal anklicken, wird er markiert (Pfeil 1). Gleichzeitig erscheinen am oberen Rand des Fensterbereichs neue Schaltflächen. Eine davon heißt **Brennen** (Pfeil 2).

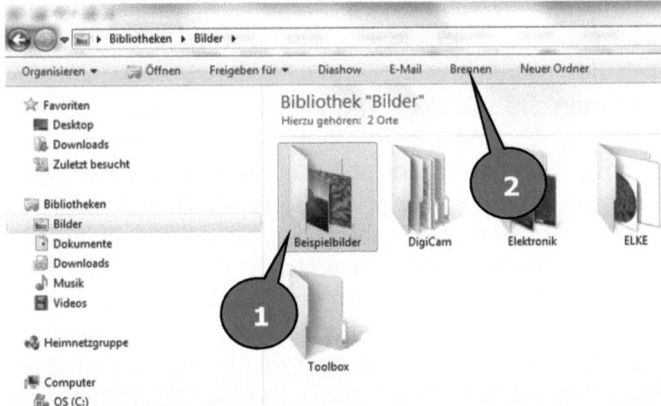

Klicken Sie auf diese Schaltfläche, öffnet sich die Schublade Ihres Brenners und dieses Fenster mit der Aufforderung einen beschreibbaren Datenträger einzulegen erscheint.

Wenn Sie das gemacht haben, startet der eigentliche Brennprozess des Datenträgers automatisch. Ist der Brennvorgang abgeschlossen und erfolgreich gewesen, bekommen Sie eine entsprechende Meldung angezeigt.

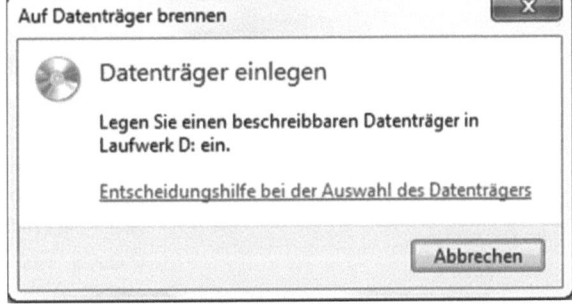

Programme installieren

Der Ablauf bei der Installation eines neuen Programms ist genauso unterschiedlich, wie die Programme selber. Da kann ich Ihnen nur ein paar Tipps geben. Wenn Sie ein Programm von CD oder DVD aus installieren wollen, wird ein kleines Autostart-Fenster erscheinen, wie das beim Einlegen eines solchen Datenträgers üblich ist. Im erscheinenden Auswahlmenü befindet sich meistens eine Datei mit Namen setup.exe, install.exe, start.exe, index.html. Den größten Verbreitungsgrad hat sicherlich der Dateiname setup.exe. Sollte der Autostart bei Ihnen abgeschaltet sein, können Sie mit dem Windows-Explorer auf dem Datenträger nach dieser Datei suchen. Mit einem Doppelklick auf das entsprechende Piktogramm wird die Installation dann gestartet. Sollten Sie ein Handbuch zu diesem Datenträger bekommen haben, empfehle ich Ihnen eindringlich, sich an die dort gegebene Anleitung zu halten. Der eigentliche Ablauf der Installation ist meist recht einfach gehalten. Sie werden in aller Regel nach einigen Dingen gefragt, die Sie nach bestem Wissen und Gewissen beantworten sollten. Lesen Sie sich diese Fragen genau durch und entscheiden Sie dann, was Sie dort angeben. Wenn Sie eine Installation starten, werden Sie zunächst einmal von Windows gefragt, ob Sie sicher sind, dass Sie das Programm aus-

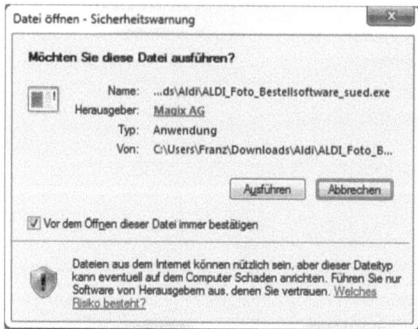

führen wollen. Je nachdem, wie tief das Programm in Windows eingreift kann auch die Frage erscheinen, ob Sie zulassen wollen, dass das Programm xyz Veränderungen an Ihrem Computer vornehmen darf. Sollten Sie für den Windows-Start kein Kennwort eingerichtet haben, kann vorher sogar noch der Hinweis erscheinen, dass Sie Administratorrechte benötigen um dieses Programm installieren zu können. Diese Abfrage nennt sich auf Neudeutsch

und jetzt halten Sie sich gut fest: Datenausführungsverhinderungsschicht. Diese Datenausführungsverhinderungsschicht ist im Grunde ein ganz simpler Weg, die unbeabsichtigte Installation von Programmen zu verhindern. So wird es auch vielen Schadprogrammen schwer gemacht, sich auf Ihrem Computer zu installieren.

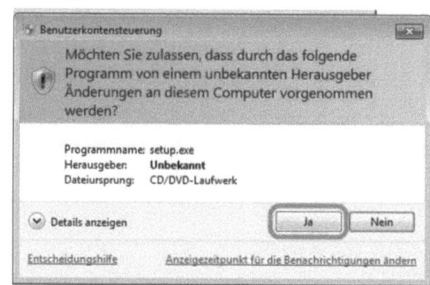

Kompatibilitätsmodus

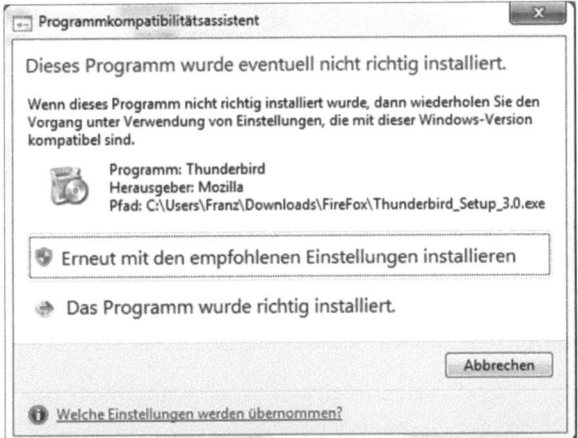

Manche ältere Programme sind nicht oder nur teilweise kompatibel mit Windows 7. Es kann daher durchaus passieren, dass das Programm nach der Installation nicht ordnungsgemäß funktioniert. Dabei kann dieses Fenster erscheinen. Sollte das Programm einwandfrei arbeiten, können Sie auf die Schaltfläche **Das Programm wurde richtig installiert** klicken. Sollte das Programm nicht korrekt arbeiten, Klicken Sie auf die Schaltfläche **Erneut mit den empfohlenen Einstellungen installieren**. Was die empfohlenen Einstellungen sind, ist abhängig vom Programm. Windows 7 hat einen Kompatibilitätsmodus. Dort kann eingestellt werden, zu welcher älteren Windowsversion das Programm kompatibel ist. Windows 7 emuliert dann diese Umgebung für das Programm. Oft funktionieren die Programme danach einwandfrei. Den Kompatibilitätsmodus kann man auch nachträglich aufrufen. Dazu machen Sie auf dem betreffenden Programm-Symbol (aber nicht in der Taskleiste) einen kurzen Rechtsklick mit der Maus. Hier habe ich als Beispiel das Programm 7-Zip gewählt. Klicken Sie im Kontextmenü auf den Befehl **Behandeln von Kompatibilitätsproblemen** (Pfeil 1).

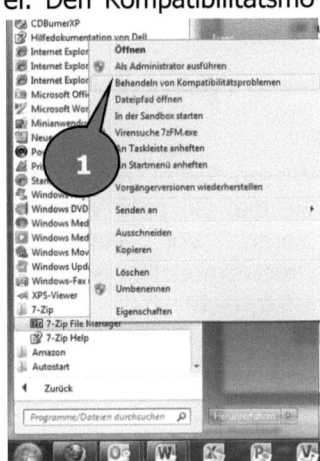

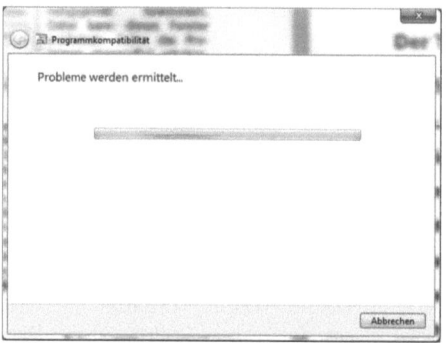

Windows 7 versucht die Probleme zu ermitteln und zeigt Ihnen dann ein Ergebnis an. Sie können die **Empfohlenen Einstellungen testen** oder ...

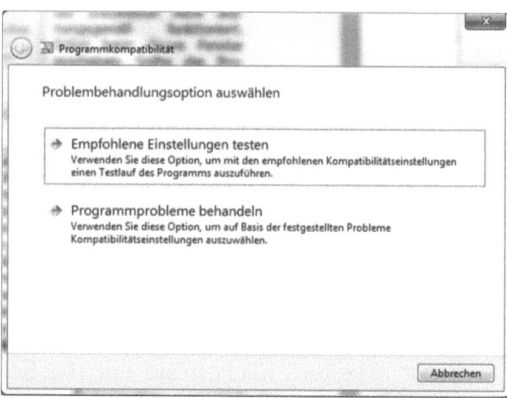

... Sie klicken auf Programmprobleme behandeln und legen selber Hand an.

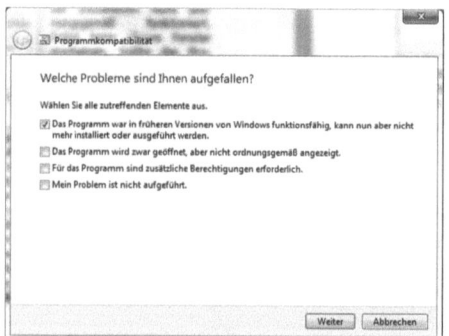

Aktivieren Sie z.B. **Das Programm war in früheren Windows Versionen funktionsfähig ...**, und klicken Sie anschließend auf weiter, können Sie selber auswählen, unter welcher Windows-Version das Programm funktioniert hat.

Wissen Sie es nicht sicher, können Sie mal ein paar Versionen ausprobieren. Vor allem bei älteren Druckermodellen ist die Methode oft erfolgreich.

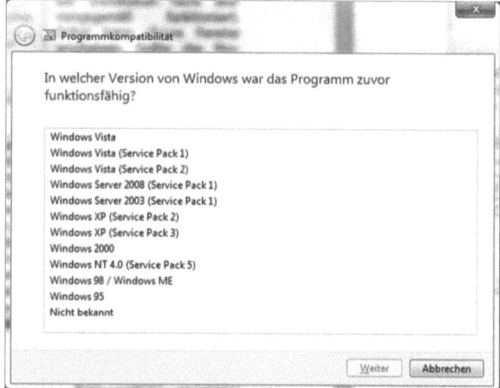

Es gibt auch Programme, da reicht selbst das nicht. Für diese Programme benötigen Sie Administratorrechte. Wenn Sie für die Windows-Anmeldung kein Kennwort benötigen, haben Sie keine vollen Administratorrechte. In solchen Fällen gibt es zwei mögliche Lösungen. Sie vergeben ein Kennwort für Ihre Windows-Anmeldung (Siehe Kapitel *Systemsteuerung/Benutzerkonten*), starten den Rechner neu und installieren das Programm oder Sie machen auf dem Programm-Symbol einen Rechtsklick und wählen aus dem Kontextmenü den Befehl **Als Administrator ausführen** (Pfeil 1). Es gibt auch Programme, da sollten Sie schon das Setup-Programm als Administrator starten. Wenn Sie im Handbuch des Programms keine vernünftige Erklärung finden, hilft Ihnen nur ausprobieren.

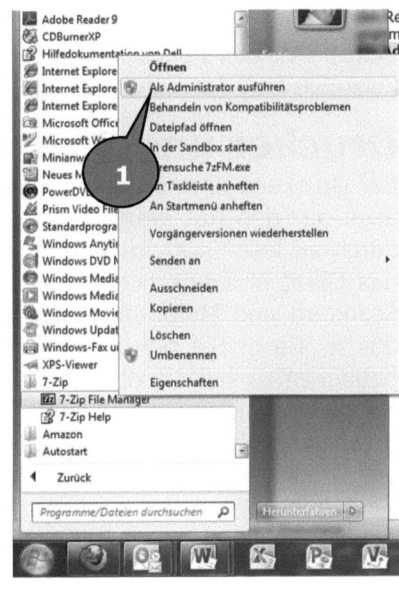

Programme löschen

Fangen wir mal damit an, wie Sie Programme nicht löschen sollten. Versuchen Sie nie Programme über den Windows-Explorer zu löschen. Sie werden sich damit eine Menge Probleme einhandeln. Sie löschen dadurch zwar den Löwenanteil der Daten dieses Programms, es bleiben aber je Menge Registry-Einträge zurück, die sich so einfach nicht löschen lassen. Spätestens beim nächsten Neustart tauchen dann jede Menge Fehlermeldungen auf. Das wollen Sie nicht ☺. Sehen Sie nach, ob das Programm ein eigenes Deinstallationsprogramm hat. Wenn ja, benutzen Sie es. Sie finden es unter **Start/Alle Programme/Programmname**. Hier sehen Sie ein Beispiel für den Amazon MP3-Downloader. Dieses Programm hat ein eige-

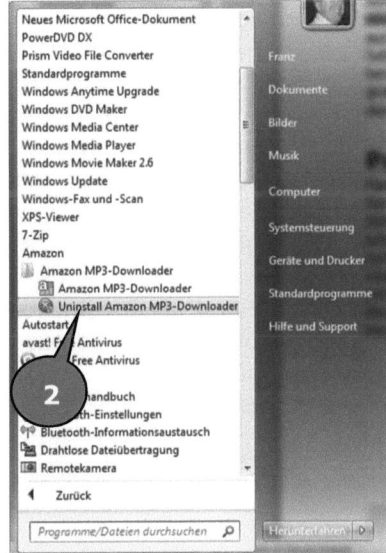

nes Programm, mit dem man es auch wieder löschen kann (Pfeil 2, vorherige Seite). Hat das zu löschende Programm kein eigenes Deinstallationsprogramm, lesen Sie sich das Kapitel *Programme und Funktionen* durch.

Drucker und Scanner einrichten

Bei Druckern und Scannern, die Sie neu anschließen wollen, kann ich Ihnen auch nur den Rat geben, sich das Handbuch des betreffenden Gerätes genau durch zu lesen. Oft muss man nämlich erst die Software installieren und darf das Gerät erst anschließen, wenn man dazu aufgefordert wird. Vor allem bei Scannern und Multifunktionsgeräten (Fax/Drucker/Scanner in einem Gerät) ist das so. Bevor Sie sich entschließen, einen neuen Drucker der Windows 7 kompatibel ist zu kaufen, obwohl Sie noch einen Drucker haben, der unter Windows XP prima funktioniert hat, sollten Sie sich erst das Kapitel Kompatibilitätsmodus durchlesen. Sollte das alles nicht geklappt haben, sehen Sie im Internetangebot des Druckerherstellers nach, ob es nicht einen aktuelleren Druckertreiber für Ihr Gerät gibt. Wenn das auch nicht zum Erfolg führt, können Sie immer noch einen neuen Drucker anschaffen ☺.

Der Task-Manager

Der Task-Manager ist so etwas wie ein Rettungsanker, wenn ein Programm abgestürzt ist. Abgestürztes Programm bedeutet, dass das betreffende Programm nicht mehr macht was es soll oder einfach nicht mehr reagiert. Windows 7 fängt viele solcher Fehler schon alleine ab. Bei mir erscheint manchmal nur kurz ein schwarzer Bildschirm und die Meldung, *Ihr Grafikkartentreiber ist abgestürzt und wurde neu gestartet*. Ohne diese Meldung hätte ich das vielleicht nicht einmal gemerkt. Manchmal ist so ein Absturz eines Programms aber nicht zu übersehen. Dann muss man nicht den Computer aus und wieder an machen. Meistens reicht es aus, das betreffende Programm zu beenden und neu zu starten. Das geht deutlich schneller als ein kompletter Windows-Neustart. Den Task-Manager können Sie starten, in dem Sie im leeren Bereich der Taskleiste einen kurzen Rechtsklick mit der Maus machen und aus dem Kontextmenü den Befehl **Task-Manager starten** aufrufen (Pfeil 1).

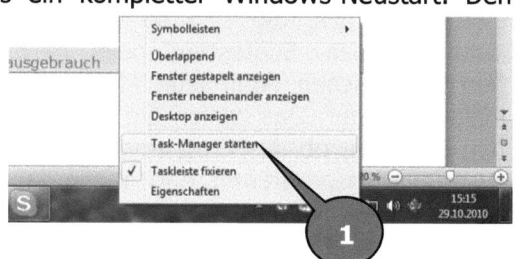

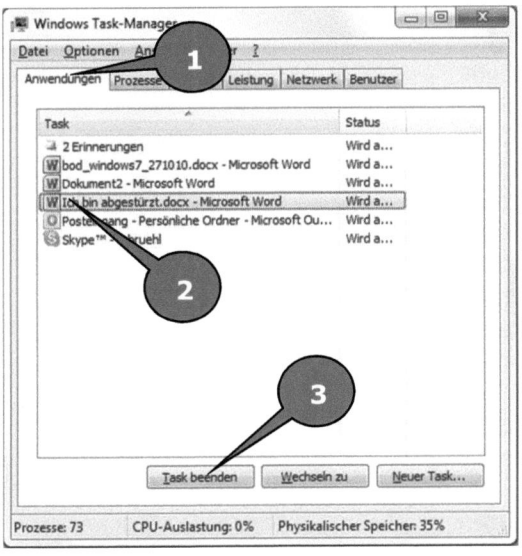

Im Task-Manager gibt es mehrere Registerkarten. Für uns ist die Registerkarte Anwendungen interessant (Pfeil 1). Nehmen wir zur Demonstration mal an, ich hätte ein Dokument mit dem Namen *Ich bin abgestürzt* bearbeitet. Aus mir unbekannten Gründen kann ich aber nichts mehr in dem Dokument machen. Es reagiert auf keinen Mausklick mehr. Um dieses eine Programm ganz gezielt zu beenden, muss ich es durch einen Mausklick markieren (Pfeil 2). Anschließend klicke ich auf die Schaltfläche Task beenden (Pfeil 3).

Und weg ist es. So leicht ist es nicht immer. Manchmal muss man das mehrmals wiederholen, bis das Programm wirklich beendet wird. Manchmal erscheint auch noch eine Meldung mit der Frage, ob das Programm sofort beendet werden soll. Das passierte aber zum Verrecken nicht, als ich dieses Buch geschrieben habe ☺.

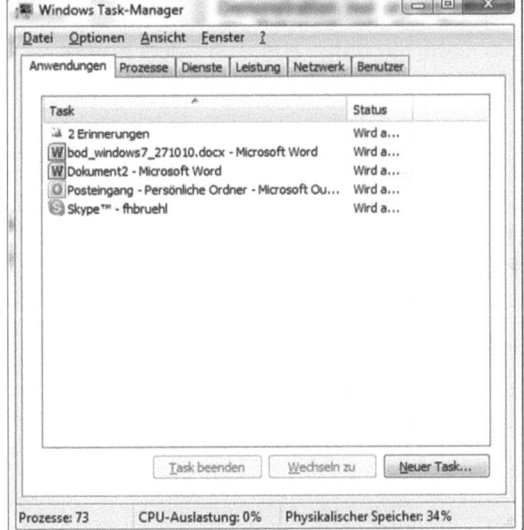

Die Systemsteuerung

Die Systemsteuerung ist so etwas wie die Schaltzentrale von Windows 7. Hier kann man unzählige Dinge einstellen, die die Arbeit mit Windows 7 einfacher, komfortabler oder sicherer machen. Oder man baut sich ein Paar Probleme ein, die man lieber nicht gehabt hätte ☺. Es ist daher nicht schlecht, wenn man einiges aus der Systemsteuerung kennt und weiß, wofür die schönen bunten Sachen gut sind. Man muss aber bestimmt nicht von jedem Schalter wissen, wofür er gut ist. Hier werden, für Sie als Einsteiger, die wichtigsten Dinge beschrieben. Die Systemsteuerung starten Sie über **Start/Systemsteuerung** (Pfeil 1).

So sieht Sie dann aus. Ich habe immer Probleme darin etwas zu finden.

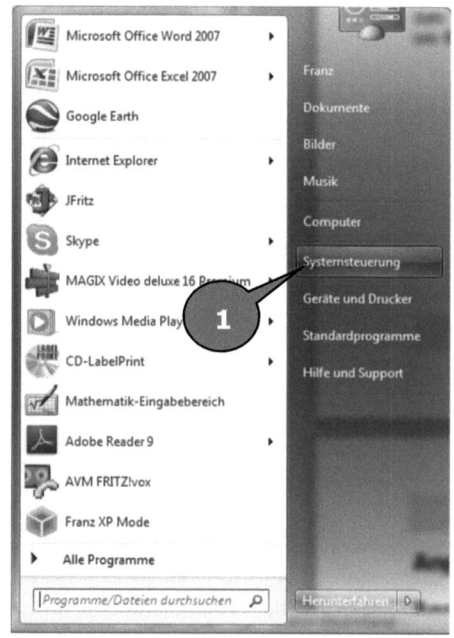

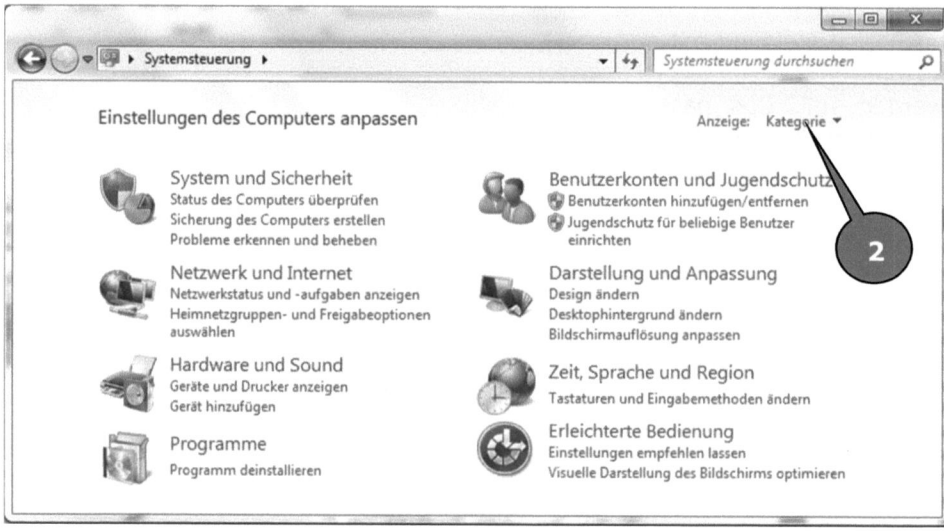

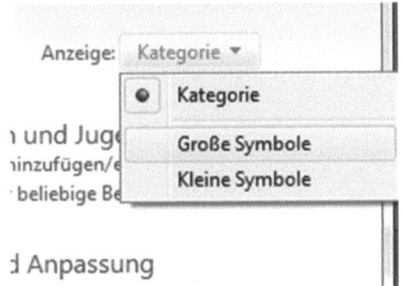

Deshalb ändere ich für mich immer die Ansichtsform. Dazu klicken Sie rechts oben im Fenster der Systemsteuerung auf **Kategorie** (Pfeil 2, vorherige Seite) und wählen z.B. **Große Symbole**.

Schon besser. Jetzt hat nämlich jedes Programm aus der Systemsteuerung ein eigenes Piktogramm. Das Piktogramm, sowie der dazugehörige Name lassen auch ungefähr erahnen, um was es da überhaupt geht. Gestartet werden die Programme in der Systemsteuerung durch einfachen Mausklick. Manche verschwinden sofort, wenn Sie außerhalb des dazugehörigen Fensters irgendwo hin klicken. Dann müssen Sie das Programm eben neu starten. Das ist eine kleine Sicherheit um Fehlbedienungen zu verhindern. Also los. Wühlen wir uns mal in alphabetischer Folge durch die wichtigsten Programme der Systemsteuerung.

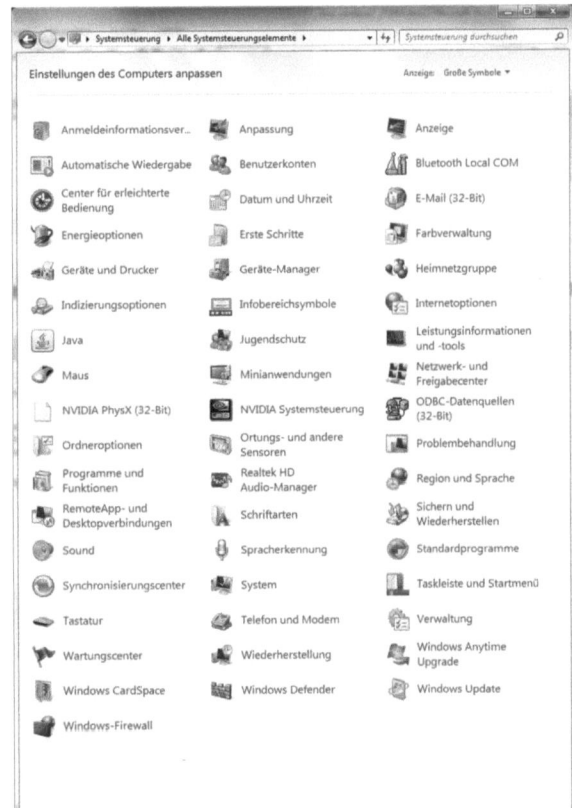

Änderungen in den einzelnen Programmen werden in der Regel mit einem Klick auf **OK** oder **Übernehmen** gespeichert. In den nachfolgenden Kapiteln über die Systemsteuerung erwähne ich das nicht mehr gesondert.

Anpassung

Mit dem Programm Anpassung können Sie Aussehen und Verhalten Ihres Desktops verändern.

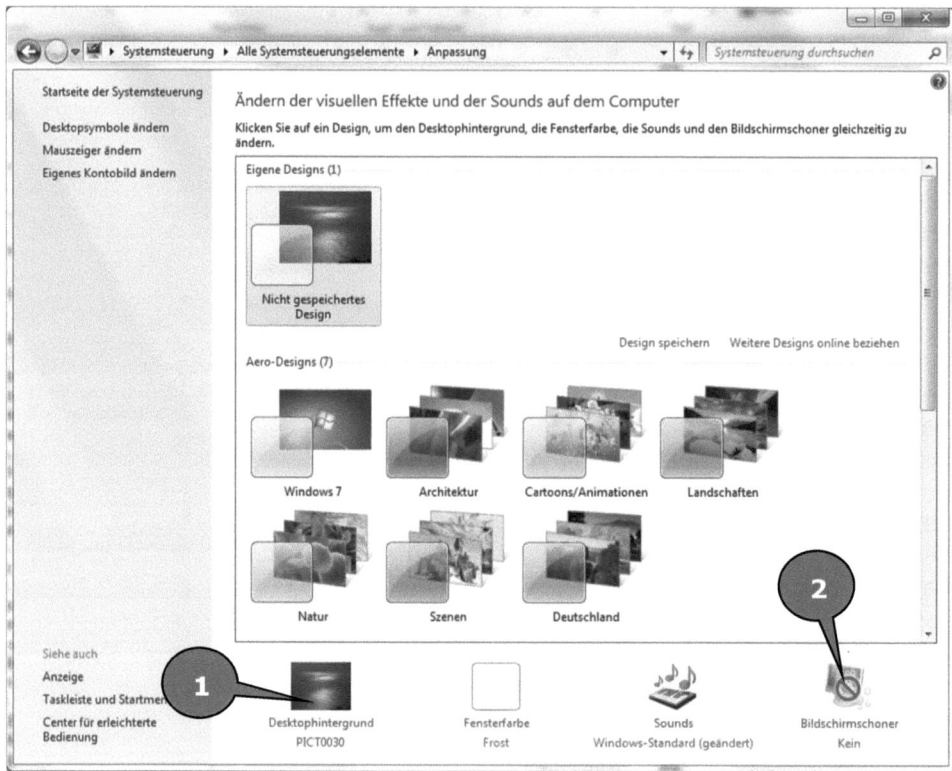

Wie Sie sehen, hat Windows 7 bereits ein paar wunderschöne vorgefertigte Desktop-Hintergrundbilder an Board. Wer lieber was Eigenes hat, kann über die Schaltfläche **Desktophintergrund** (Pfeil 1) auch ein anderes Hintergrundbild auswählen. In die Anpassung kann man auch schneller gelangen. Machen Sie auf dem leeren Desktop einen Rechtsklick und wählen Sie den Befehl **Anpassung**.

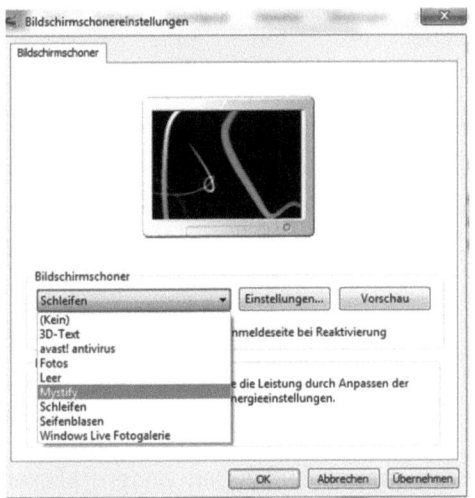

Wenn Sie gerne einen Bildschirmschoner hätten, klicken Sie auf die Schaltfläche Bildschirmschoner (Pfeil 2, vorherige Seite). Im sich öffnenden Fenster können Sie einen Bildschirmschoner auswählen und im kleinen Vorschaumonitor schon mal erahnen, wie er aussieht. Über die Schaltfläche Einstellungen (Pfeil 1), lassen sich für einige Bildschirmschoner verschiedene Optionen einstellen.

Mit den Pfeiltasten bei Wartezeit stellen Sie ein, nach wie viel Minuten Inaktivität sich der Bildschirmschoner einschalten soll. Mit Inaktivität ist die Zeit gemeint, in der Sie weder die Mausbewegen, noch eine Taste drücken. Läuft der Bildschirmschoner und Sie möchten weiterarbeiten, brauchen Sie nur mal kurz die Maus zu bewegen und Ihre Arbeitsoberfläche ist wieder da.

Ein Bildschirmschoner verhindert, dass sich ein zu lange unverändertes stehendes Bild im Monitor einbrennt.

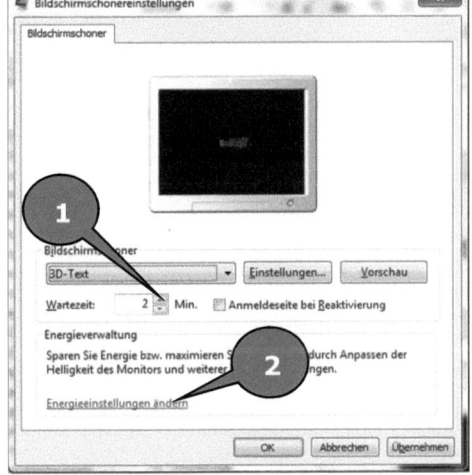

Ich persönlich bevorzuge eine andere Methode. Dazu klicken Sie mal auf die Schaltfläche Energieeinstellungen ändern (Pfeil 2).

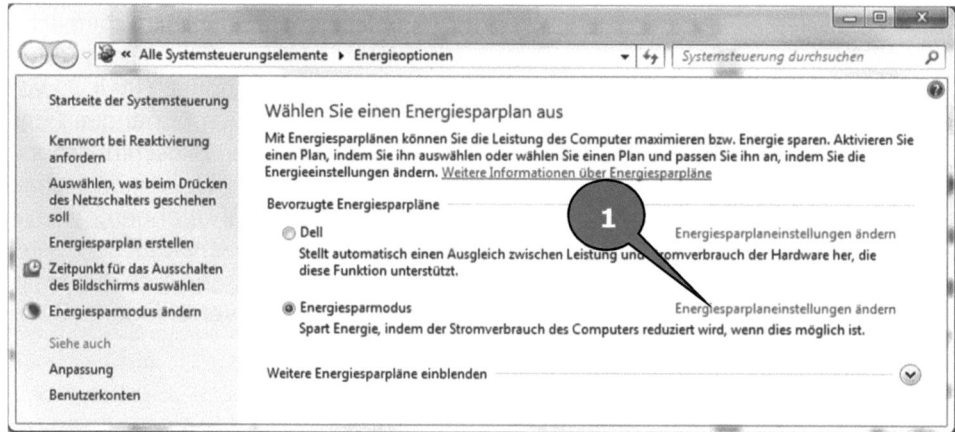

Hier müssen Sie auf die Schaltfläche Energiespareinstellungen ändern klicken (Pfeil 1).

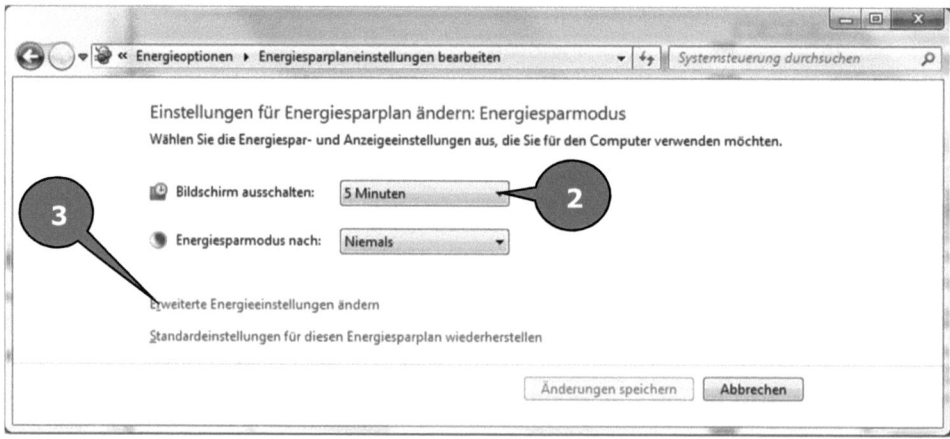

Hier können Sie nämlich einstellen, ob der Monitor nach x-Minuten (Pfeil 2) ausgeschaltet werden soll. Das Bild wird dann schwarz. Das Bild kommt aber auch nach einer Mausbewegung wieder, genau wie beim klassischen Bildschirmschoner. Über die Schaltfläche Erweiterte Energieeinstellungen ändern (Pfeil 3) können Sie das auch z.B. für die Festplatte machen. Die Frage ist jetzt wozu das gut ist? Ganz einfach. Monitor und Festplatte verbrauchen viel Strom und sind darüber hinaus auch Verschleißteile. Bei einem Flachbildschirm sorgen ein bis zwei sehr dünne Leuchtröhren für die Hintergrundbeleuchtung des Bildschirms. Diese Leuchtröhren halten nicht ewig. Die Hersteller verschweigen uns gerne eine wichtige Kenngröße. Nämlich die Halbwertzeit in Betriebsstunden für die Leuchtröhren. Als Faustregel kann man sagen, dass die Halbwertzeit umso kürzer ist, je billiger der Monitor ist. Billigmonitore haben oft nur eine Halbwertzeit von 10.000 Betriebsstunden. Das bedeutet, dass sie nach 10.000 Stunden nur noch ihre halbe Helligkeit haben. Wenn Sie so einen Monitor den ganzen Tag laufen lassen, verlieren Sie schon nach einem Jahr den Spaß daran. Wenn Sie aber den Monitor immer ausschalten, wenn Sie gerade nichts an Ihrem Computer machen, verlängern Sie damit die Lebenserwartung des Monitors dramatisch. Das Abschalten wirkt sich natürlich auch positiv auf den Stromverbrauch aus. Ein durchschnittlicher Flachbildschirm verbraucht ca. 50 Watt. Wenn die Leuchtröhren aber abgeschaltet sind und er sich im Standby-Modus befindet, verbraucht er nur noch ca. 1 Watt. Mit der Festplatte ist es ganz ähnlich. In einem handelsüblichen PC steckt meist eine Festplatte, deren magnetisches Medium sich 7200 Mal pro Minute dreht. Das es da irgendwann mal zu einem Lagerschaden kommt ist völlig klar. Auch hier erhöhen Sie durch ausschalten die Lebenserwartung deutlich und reduzieren gleichzeitig den Stromverbrauch.

Anzeige

Geht es Ihnen manchmal auch so, dass Sie die Buchstaben auf dem Bildschirm ohne Brille nicht mehr erkennen können? Willkommen im Club ☺.

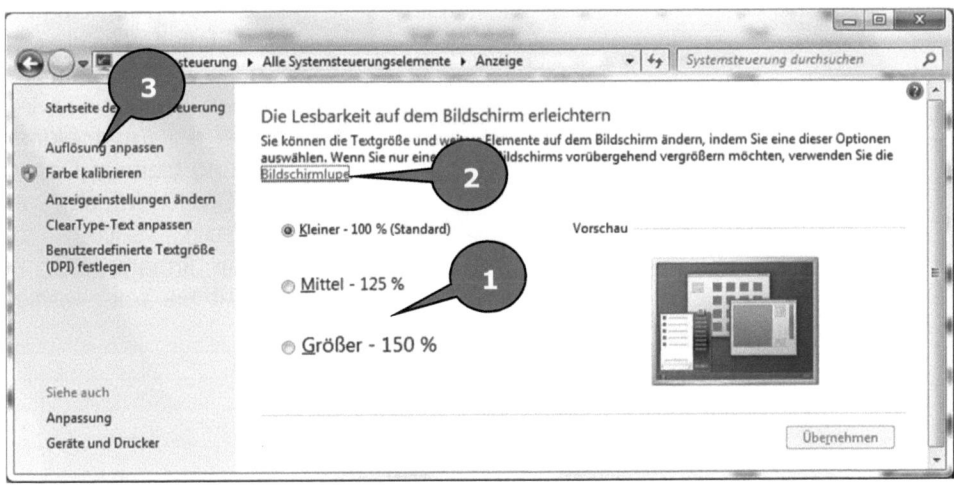

Mit dem Programm Anzeige können Sie da etwas Abhilfe schaffen. Sie können die Größe der Bildschirmelemente auf 125% oder 150% erhöhen (Pfeil 1, vorherige Seite). Wenn das noch nicht reicht, aktivieren Sie die Bildschirmlupe (Pfeil 2, vorherige Seite). Groß genug? Mit einem Klick auf das X (Pfeil 1) können Sie die Bildschirmlupe wieder schließen.

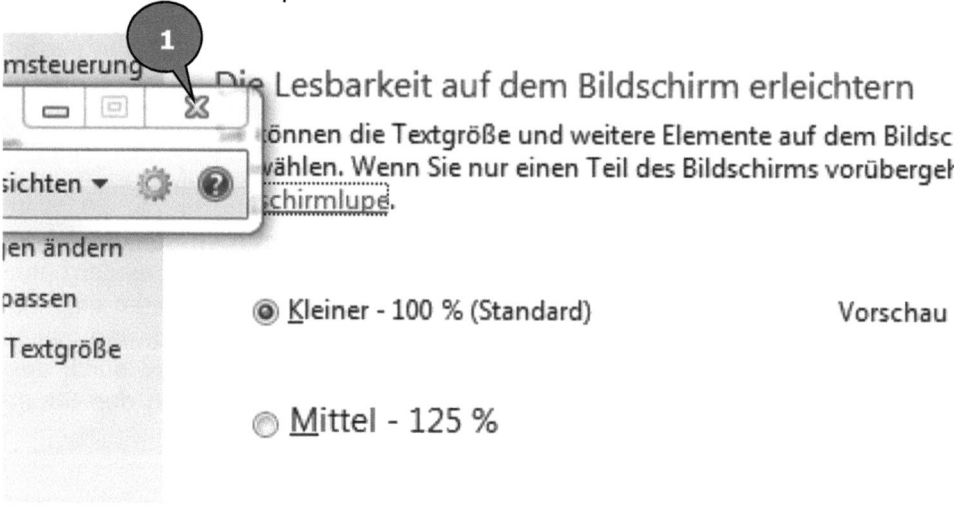

Wenn Sie mal unzufrieden sind mit der Auflösung Ihres Monitors, können Sie diese im Programm Anzeige auch gleich ändern. Dazu klicken Sie auf die Schaltfläche Auflösung anpassen (Pfeil 3, vorherige Seite). Bei Flachbildschirmen sollten Sie immer bei der Empfohlenen Auflösung bleiben. Das ist das Bild einfach am Schärfsten. Sollten die Bildschirminhalte aber zu klein für Sie sein, wählen

Sie eine kleinere Auflösung (Pfeil 2).

Automatische Wiedergabe

Die **Automatische Wiedergabe** regelt was passiert, wenn Sie eine CD oder DVD einlegen oder einen USB-Stick anschließen. Da die **Automatische Wiedergabe** auch ein gewisses Sicherheitsrisiko darstellt, kann sie abgeschaltet werden. Entfernen Sie dazu einfach durch Mausklick das Häkchen (Pfeil 1). Wenn Sie ein gutes Antiviren-Programm einsetzen, ist die Gefahr allerdings nicht mehr so groß.

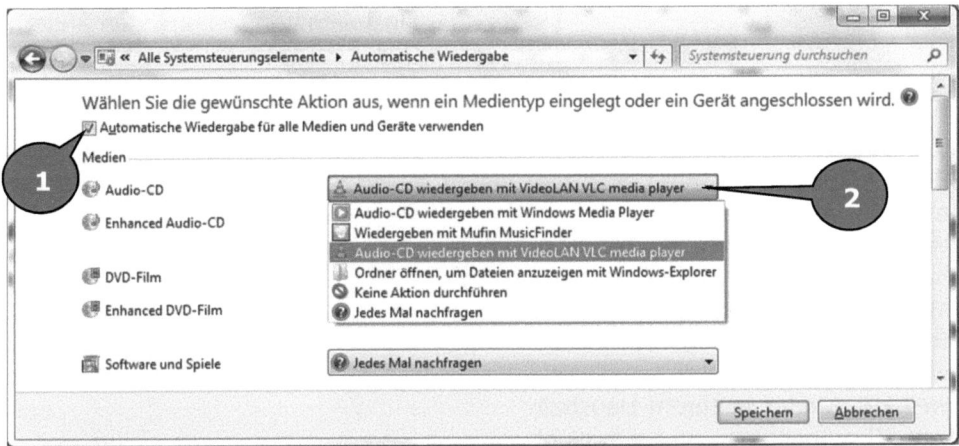

In der Tabelle können Sie für das Einlegen oder Anschließen der verschiedensten Medien regeln, was passieren soll (Pfeil 2). Stellen Sie alles so ein, wie Sie es gerne hätten. Wenn Sie z.B. möchten, dass eine Audio-CD immer mit dem Programm Windows Media Player gestartet wird, dann klicken Sie den einfach an. Wenn Sie ein anderes Programm bevorzugen, wählen Sie das aus. Die Auswahl bezieht sich natürlich nur auf Programme, die schon installiert sind. Wenn Sie also später ein anderes Programm einsetzen wollen, müssen Sie die Einstellungen hier wieder ändern.

Benutzerkonten

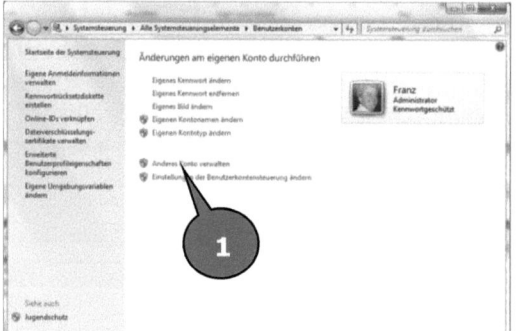

Bei der Installation und Erstinbetriebnahme von Windows 7 müssen Sie mindestens einen Benutzer anlegen. In meinem Fall heißt der so wie ich und sieht mir sogar ähnlich ☺. Für Ihr eigenes Benutzerkonto können Sie ein Kennwort einstellen, entfernen oder ändern, Das Benutzerbild und -namen ändern oder auch einen anderen Kontotyp daraus machen. Es gibt nur zwei Kontotypen zur Auswahl. Administrator und Eingeschränkter Benutzer. Einen Administrator muss es immer geben. Wenn Sie weitere Benutzer anlegen möchten, klicken Sie auf die Schaltfläche **Anderes Konto verwalten** (Pfeil 1).

Wenn schon mehrere Konten vorhanden sind, können Sie die Einstellungen vornehmen wie bei Ihrem eigenen Konto. Wenn Sie weitere Benutzerkonten benötigen, weil z.B. Kinder in Ihrem Haushalt den PC mitbenutzen und sich nicht jeden Mist installieren sollen, dann klicken Sie auf die Schaltfläche **Neues Konto erstellen** (Pfeil 2).

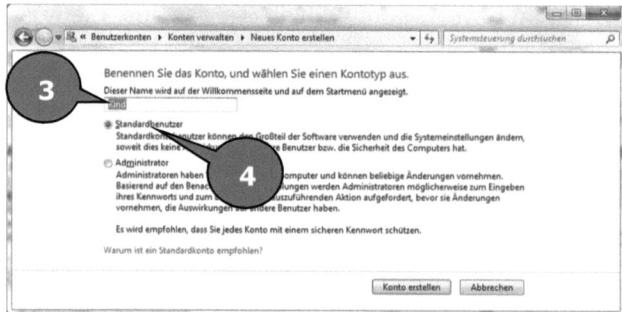

Sie können dann sofort festlegen, wie das Konto heißen soll (Peil 3) und ob es ein Standardbenutzer mit eingeschränkten Rechten werden soll (Pfeil 4).

Datum und Uhrzeit

Datum und Uhrzeit werden Ihnen ja rechts unten in der Taskleiste angezeigt. Irgendwo müssen diese Informationen ja herkommen. Ich bin immer wieder überrascht, wie ungenau Computeruhren sein können. Meine Armbanduhr weicht vielleicht eine Sekunde im Monat ab, so ein PC kann es aber auch mal leicht auf 5 Minuten im Monat bringen. Wenn Sie Ihren Computer mit dem Internet verbunden haben, werden Sie immer eine recht genaue Zeit haben. Auch die Umschaltung auf Sommer- und Winterzeit geht automatisch. Windows 7 synchronisiert alle paar Tage die Zeit mit einem Internet-Server. Klicken Sie mal auf die Registerkarte **Internetzeit** (Pfeil 1). Im sich öffnenden Fenster klicken Sie auf Einstellungen ändern. Das bringt Sie in das folgende Fenster.

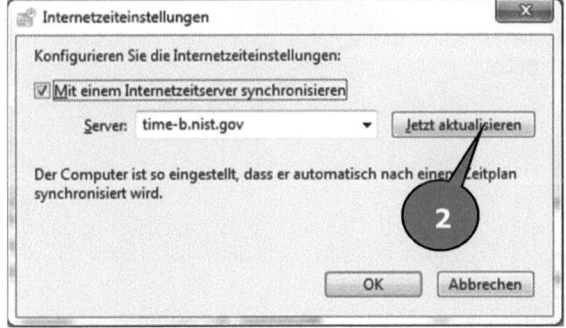

Ihre PC-Uhr synchronisiert sich mit einer Quantum-Logic-Clock, die laut Betreiberangabe nur 1 Sekunde in 3,7 Milliarden Jahren falsch geht und damit wohl die im Moment präziseste Zeit auf der ganzen Welt liefert. Sollte Ihr Rechner längere Zeit vom Internet getrennt sein, können Sie bei erneuter Verbindung auch die Uhr manuell synchronisieren, in dem Sie auf die Schaltfläche **Jetzt aktualisieren** klicken (Pfeil 2).

Die Registerkarte **Zusätzliche Uhren** (Pfeil 3, vorherige Seite) ermöglicht es Ihnen, mehrere Uhren mit verschiedenen Zeitzonen gleichzeitig anzuzeigen. Wenn man Geschäfte mit Asien oder Amerika macht, ist das gar nicht so verkehrt. Dann sieht man mit einem Blick, ob die Ansprechpartner noch oder schon wieder im Bett sind ☺.

Wie Sie sehen, können Sie zwei zusätzliche Uhren durch Mausklick aktivieren (Pfeile 1 & 2). Haben Sie ein Uhr aktiviert, können Sie über den Auswahlpfeil (Pfeil 3) die Zeitzone des Zielorts einstellen. Dieser zusätzlichen Uhr können Sie auch einen Namen geben (Pfeil 4). Im folgenden Beispiel habe ich Fidschi gewählt. Schöne Gegend ☺.

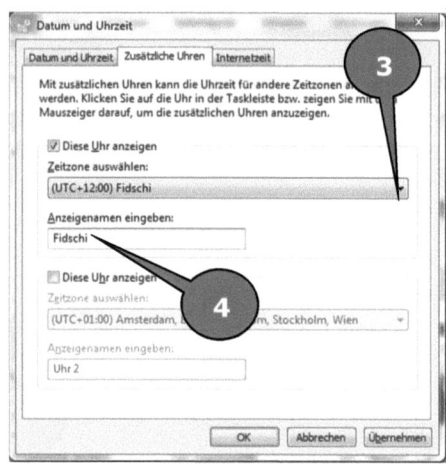

Bleibt die Frage, wo den jetzt diese Zusatzuhr angezeigt wird? Dazu bewegen Sie den Mauszeiger auf die Uhrzeit rechts in der Taskleiste. Erst mal nicht klicken, nur darauf bewegen.

Wenn Sie klicken, wird's noch besser.

Kommen wir dazu, wie man Datum und Uhrzeit manuell ändert. Das ist irgendwann nötig, wenn Sie Ihren Computer nie mit dem Internet verbinden. Dazu klicken Sie auf die Schaltfläche **Datum und Uhrzeit ändern** (Pfeil 4, zwei Seiten vorher). Die Monate können Sie ändern, in dem Sie auf die kleinen Pfeile klicken (Pfeile 1 & 2). Jeder Klick bringt Sie einen Monat weiter. Den Tag klicken Sie direkt im Monatskalender an. Stunden, Minuten und Sekunden müssen Sie einzeln ändern (Pfeil 3). Wenn Sie z.B. die Minuten

ändern wollen, machen Sie darauf einen Doppelklick. Dadurch werden die Minuten farblich markiert. Mit den Pfeiltasten hinter der Digitaluhr (Pfeil 4, vorherige Seite) lassen sich die Minuten jetzt schrittweise rauf oder runter schalten. Sobald Sie irgendeinen Wert ändern, bleibt die Uhr stehen. Sie läuft erst weiter, wenn Sie auf die Schaltfläche **OK** klicken.

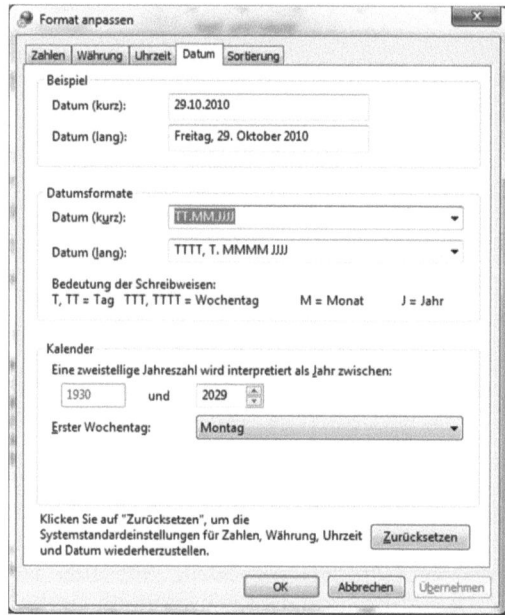

Wenn Ihnen die Kalenderdarstellung nicht gefällt, können Sie diese auch an Ihren persönlichen Geschmack anpassen. Dazu klicken Sie auf die Schaltfläche **Kalender-einstellungen ändern** (Pfeil 5, vorherige Seite).

Geräte-Manager

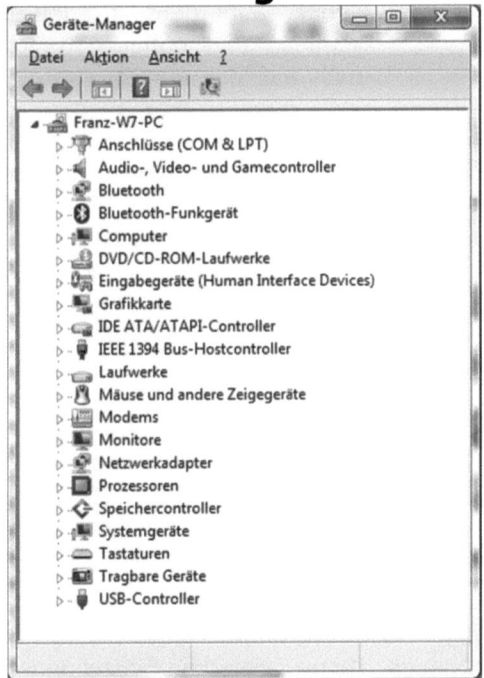

Wenn irgendein Gerät an oder in Ihrem Computer nicht funktioniert wie es soll, lohnt es sich immer, mal einen Blick in den Geräte-Manager zu werfen. Idealerweise sieht das so ähnlich aus wie hier. Es gibt keine Warnhinweise. Sieht das aber so aus, wie im unteren Bild, dann ist da was im Argen.

Meist sind es nur fehlende Treiber. In diesem Beispiel sind es die Treiber für die Grafikkarte und Soundkarte. Solche Treiber können Sie selber installieren. Legen Sie die CD mit den entsprechenden Treibern ein und doppelklicken Sie den Eintrag mit dem Fragezeichen. Das öffnet ein Fenster, in dem Sie auf die Registerkarte Treiber wechseln (Pfeil 1). Auf dieser Registerkarte finden eine Schaltfläche Treiber aktualisieren (Pfeil 2). Klicken Sie darauf.

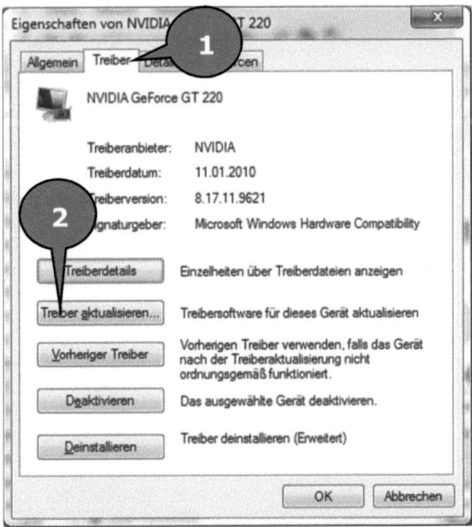

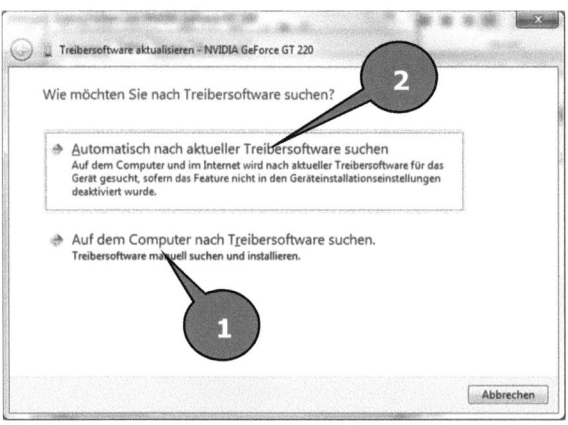

Jetzt haben Sie die Wahl, entweder auf dem Computer (Pfeil 1) und damit natürlich auch auf der eingelegten CD nach dem Treiber suchen zu lassen oder Sie lassen Windows 7 auch im Internet danach suchen (Pfeil 2). Wenn beides nicht klappen sollte, mache ich Ihnen wenig Hoffnung, dass Sie das ohne fachkundige Hilfe hinbekommen.

Wenn an einem Gerät statt des Fragezeichens ein kleines rotes Stopp-Schild auftaucht, dann liegt ein Hardware-Konflikt vor. Da kann ich Ihnen leider noch weniger Hoffnung machen, dass Sie das ohne einen Techniker oder eine Technikerin hinbekommen.

Maus

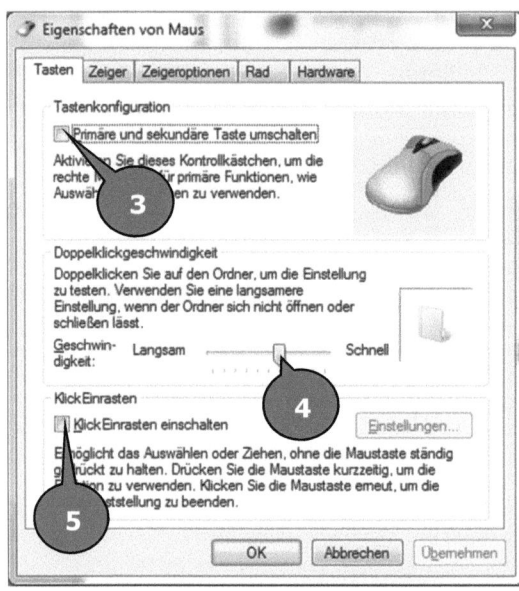

Das Programm Maus ermöglicht es Ihnen vielerlei Einstellungen der Maus zu verändern. Normalerweise sollte man das nicht tun. Denn wenn Sie sich einmal an diese Einstellungen gewöhnt haben, kommen Sie mit einem anderen PC schlechter zurecht. Einige Einstellungen stelle ich Ihnen trotzdem mal vor. Wenn's gar nicht klappen will, hilft das ja vielleicht. Wenn Sie das Häkchen setzen bei **Primäre und sekundäre Taste umschalten** (Pfeil 3), vertauschen Sie die Funktionen der beiden Maustasten. Das kann u.U. für Linkshänder ganz nützlich sein. Denken Sie aber daran: wenn Sie diese Funktion mit einem Linksklick aktiviert haben, müssen Sie einen Rechtsklick machen, um Sie wieder abzuschalten. Wenn Sie mit der **Doppelklickgeschwindigkeit** bei Programmstarts Probleme haben, können Sie mit dem Schieberegler das Tempo verlangsamen oder beschleunigen (Pfeil 4, vorherige Seite). Die **KlickEinrasten** Funktion (Pfeil 5, vorherige Seite) ist was für Leute mit nervösem Zeigefinger.

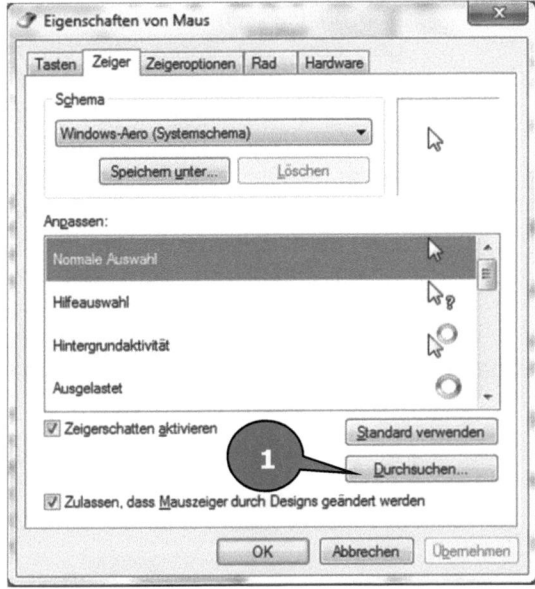

Auf der Registerkarte **Zeiger** sehen Sie, was die verschiedenen Mauszeiger bedeuten. Und wenn Ihnen generell die Mauszeiger nicht gefallen sollten, sollten Sie mal auf die Schaltfläche **Durchsuchen** (Pfeil 1) klicken. Sie können nämlich jeden Mauszeiger austauschen. Wem's gefällt ☺.

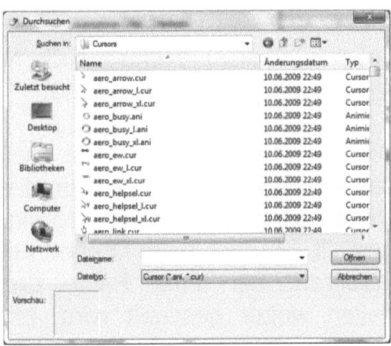

Sollte nichts dabei sein, was Ihnen zusagt, können Sie auch im Internet nach alternativen Mauszeigern suchen.

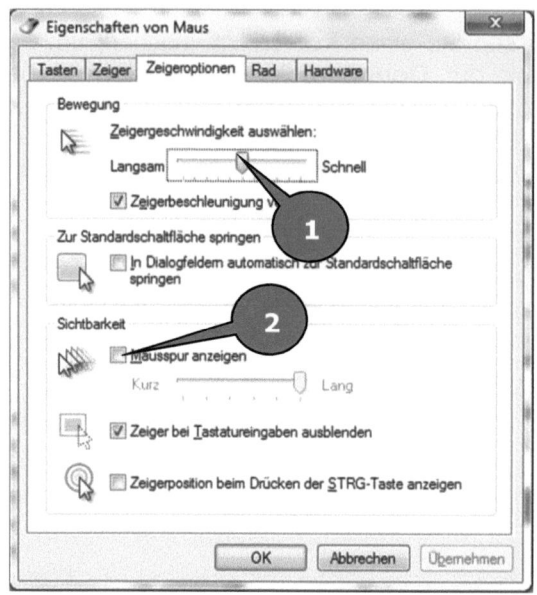

Auf der Registerkarte **Zeigeroptionen** gibt es zwei interessante Funktionen. Die **Zeigergeschwindigkeit** zu verstellen ist interessant, wenn man viel spielt oder so wie ich einen sehr großen Monitor benutzt. Statt zweimal neu anzusetzen um den Mauszeiger über die ganze Bildschirmbreit zu bewegen, habe ich die Zeigegeschwindigkeit mit dem Schieberegler (Pfeil 1) einfach etwas erhöht. Sollten Sie Probleme dabei haben den Mauszeiger auf dem Bildschirm zu finden, vielen Benutzern geht das vor allem in Textverarbeitungen so, können Sie **eine Mausspur anzeigen** (Pfeil 2). Wenn Sie die Maus damit bewegen, zieht Sie viele Mauszeiger hinterher. Quasi wie ein Echo.

Die Registerkarte **Rad** dient dazu das Verhalten des Scrollrades Ihrer Maus zu verändern. Voreingestellt ist, dass beim Drehen am Scrollrad, bei jeder Raste drei Zeilen weiter gescrollt wird. Mir war das zu wenig. Ich habe das mit den Pfeiltasten (Pfeil 3) auf 5 Zeilen gestellt. Wenn Sie ausschließlich Textverarbeitung machen, ist es auch eine Überlegung wert, das Scrollrad auf **Eine Bildschirmseite** (Pfeil 4) ein zu stellen. Dann können Sie sich mit dem Scrollrad sehr schnell durch mehrseitige Dokumente bewegen.

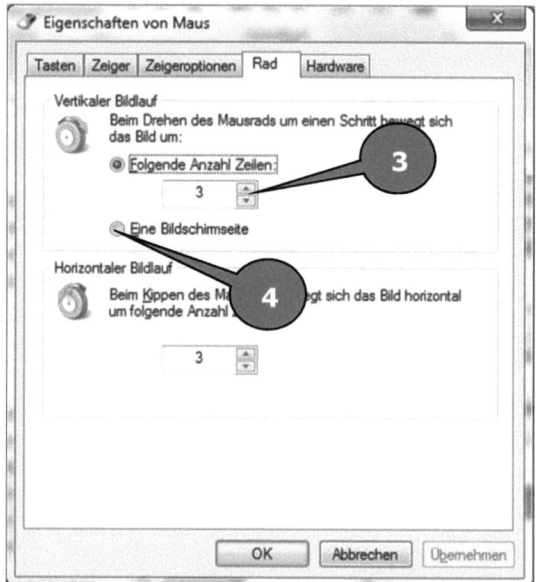

Minianwendungen

Die Minianwendungen sind kleine, mehr oder weniger nützliche Programme, die Sie mit einem Doppelklick starten können. Diese werden dann in einer Sidebar (Seitenleiste) am rechten oberen Bildschirmrand eingeblendet. Es gibt eine Unzahl von diesen meist kostenlosen Minianwendungen. Einige sind schon bei Windows 7 vorinstalliert, andere können Sie über das Internet herunterladen. Dazu klicken Sie auf die Schaltfläche **Weitere Minianwendungen online beziehen** (Pfeil 1). Die Minianwendungen aus dem Internet müssen Sie zunächst irgendwo auf Ihrer Festplatte speichern (sinnigerweise natürlich im Ordner Downloads) und von dort per Doppelklick installieren. Diese Minianwendungen sind wirklich sehr klein. Davon kann man ruhig mal einige herunterladen und laufen lassen. Sehen Sie einfach mal im Online-Katalog nach, ob Ihnen was gefällt. Wenn Sie mindestens eine Minianwendung gestartet haben, knappst Ihnen das

etwas vom rechten Rand Ihres Desktops ab. Bei jedem Neustart werden die Minianwendungen automatisch gestartet. Wenn Sie die Minianwendungen abschalten wollen, bewegen Sie den Mauszeiger darauf. In der rechten oberen Ecke einer jeden Minianwendung, auf die Sie zeigen, erscheint ein kleines **X** (Pfeil 2). Ein Klick darauf beendet das Programm.

Programme und Funktionen

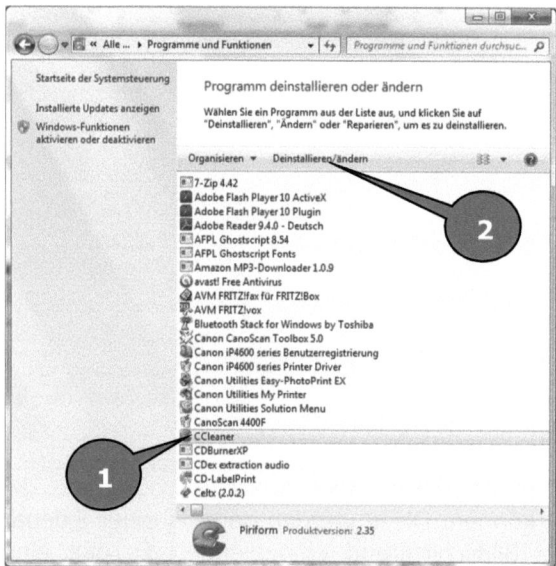

Wenn Sie Programme deinstallieren wollen oder müssen, dann sind Sie hier genau an der richtigen Stelle. Dabei spielt es keine Rolle, ob das betreffende Programm eine eigene Deinstallationsroutine hat oder nicht. Hier können Sie jedes installierte Programm von Ihrer Festplatte entfernen. Sie sehen hier einen kleinen Ausschnitt der auf meinem Rechner installierten Programme. Möchte ich eines davon löschen, muss ich es nur einmal anklicken, um es zu markieren. In diesem Beispiel habe ich den CCleaner markiert (Pfeil 1).

Sobald ich eines der Programme angeklickt habe, erscheint weiter oben im Fenster die Schaltfläche **Deinstallieren/ändern** (Pfeil 2). Klicke ich darauf, wird mit der Deinstallation des ausgewählten Programms begonnen. Leider kocht da auch jeder Hersteller sein eigenes Süppchen. Jede Deinstallation kann anders ablaufen. Folgen Sie einfach genau den Hinweisen, die erscheinen.

Schriftarten

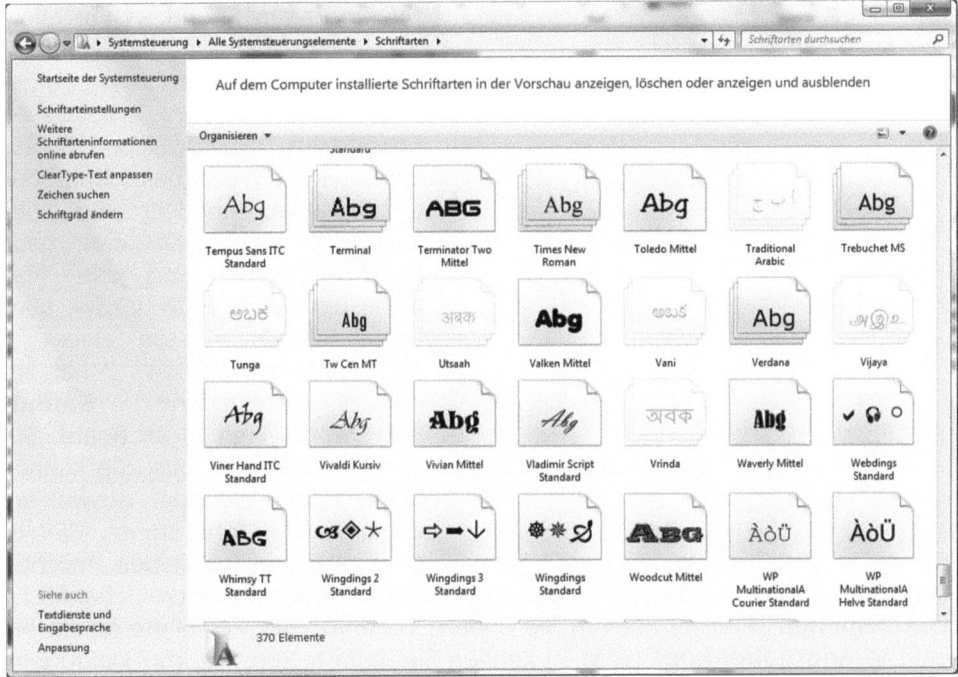

Wenn Sie in einer Textverarbeitung nach einem Zeichensatz suchen, der Ihnen gefällt, kann das recht mühsam werden. Hier haben Sie es etwas leichter. Das Programm Schriftarten zeigt Ihnen zumindest in einer kleinen Vorschau, wie der Zeichensatz denn aussieht. Wie Sie sehen, gibt es nicht nur „normale" Zeichensätze, sondern auch solche, die nur aus Symbolen bestehen. Z.B. Webdings oder Windings. Diese Zeichensätze sind nicht uninteressant. Wenn Sie einen eigenen Briefkopf entwerfen, könnten Sie bei Ihrer Telefonnummer statt der Abkürzung Tel.: vielleicht auch mal ein Telefon benutzen. In Windings2 ist z.B. eines dabei. Wenn Sie einen Doppelklick auf einen der Zeichensätze machen, sehen Sie alle vorkommenden Zeichen und können auch mal sehen, wie dieser Zeichensatz in verschiedenen Größen aussieht. Nicht jeder Zeichensatz ist in klein und groß gut lesbar.

Sound

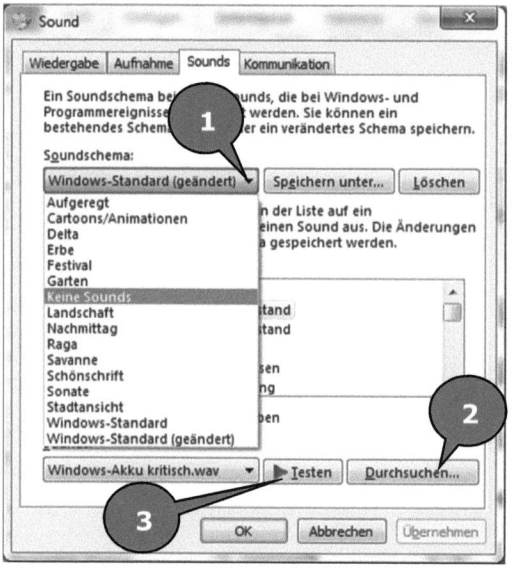

Im Programm Sound ist vor allem die Registerkarte Sounds interessant. Sicher ist Ihnen schon aufgefallen, dass Windows 7 bei vielen Ereignissen irgendwelche Geräusche macht. Wenn beim Notebook der Akku langsam leer wird gibt's ein Signal, wenn Sie eine neue Email bekommen und jedes Mal, wenn ein Fehler auftritt usw. usw. Diese Sounds müssen einem ja nicht gefallen. Windows 7 hat bereits verschiedene **Sound-Schemata** (Pfeil 1) an Board. Suchen Sie sich was aus. Sie können auch Keine Sounds auswählen, wenn Sie die Töne stören. Wer es ganz extravagant haben möchte, kann auch jedem Ereignis einen eigenen Sound zuordnen. Über die Schaltfläche **Durchsuchen** (Pfeil 2) können Sie andere Töne von der Festplatte laden. Mit dem **Wiedergabeknopf** (Pfeil 3) können Sie dann testen, wie das klingt. Eine ganze Zeit lang habe ich z.B. für das Öffnen von Fenstern als Sound das Geräusch der sich öffnenden Türen aus der Serie Raumschiff Enterprise benutzt. Oder jedes Mal, wenn ich eine E-Mail bekommen habe hat eine erotische weibliche Stimme zu mir gesagt: Master, I have Mail for you. Da ist Ihre Fantasie gefragt.

System

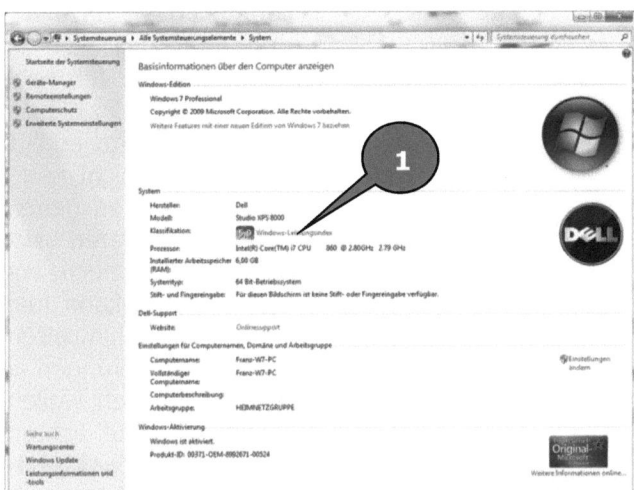

Das Programm System zeigt Ihnen an, was für eine Windows 7 Version installiert ist, welcher Prozessor verbaut wurde und über wie viel Arbeitsspeicher in Ihrem Rechner steckt. Der **Windows Leistungsindex** (Pfeil 1) sagt etwas über die Gesamtkonfiguration Ihres Rechners aus. Klicken Sie auf die Schaltfläche, wird Ihnen angezeigt, wie sich der Leistungsindex zusammensetzt. Wenn Sie z.B. einen PC brauchen, der FullHD-Videos in vernünftiger Zeit bearbeiten und verarbeiten kann, reicht es nicht aus, einen schnellen Prozessor und viel Arbeitsspeicher zu haben. Festplatte und Grafikkarte müssen dann auch mitspielen. Haben Sie den Eindruck, dass Ihr Rechner

seine Aufgaben irgendwie langsamer erledigt, als Sie sich das vorstellen, sehen Sie mal nach, wo der Flaschenhals ist und sollten mal überlegen, die entsprechende Komponente auszutauschen. Übrigens, je höher der Wert, desto besser.

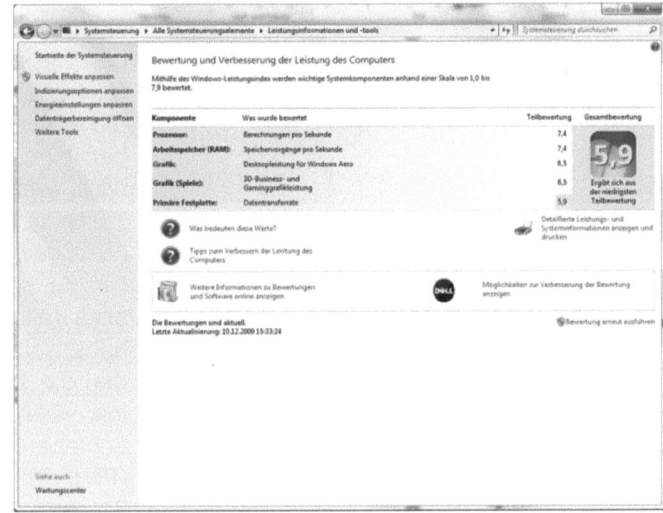

Taskleiste und Startmenü

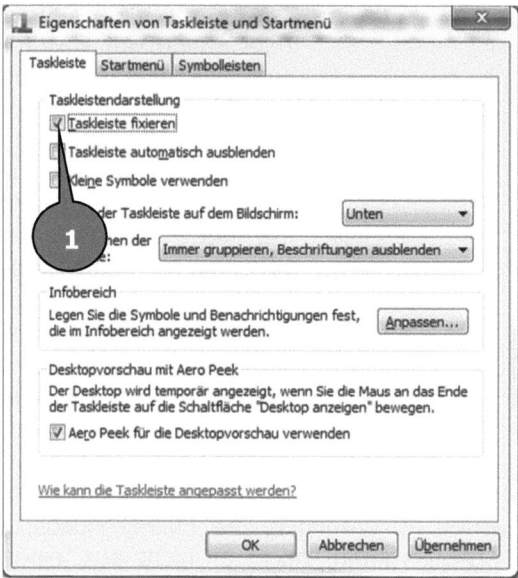

Dieses Programm dient dazu das Startmenü und die Taskleiste ein klein wenig anzupassen. Ich habe schon an anderer Stelle in diesem Buch ein paar Dinge dazu erklärt. Daher ist es sicherlich nicht nötig, noch weiter darauf ein zu gehen. Die Einstellungen erklären sich meiner Meinung nach auch von selbst. Auf eine Sache kann man aber nicht oft genug hinweisen. Wenn Sie keine Veränderungen an der Taskleiste vornehmen wollen, sollten Sie immer darauf achten, dass das Häkchen bei **Taskleiste fixieren** (Pfeil 1) gesetzt ist. So verhindern Sie das versehentliche Verändern der Taskleiste.

Tastatur

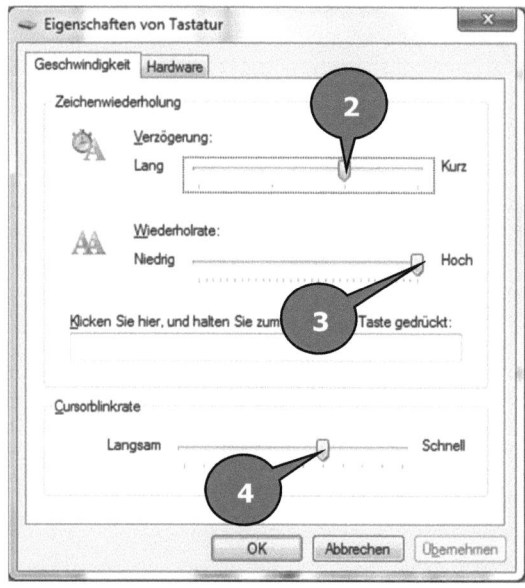

Mit dem Programm Tastatur können Sie ein paar nützliche Verhaltensregeln Ihrer Tastatur ändern. Sie wissen ja, dass bei Texteingaben ein Zeichen schnell wiederholt wird, wenn Sie die entsprechende Taste gedrückt halten. Wenn Sie nicht gewöhnt sind an einer Tastatur zu schreiben, sondern bisher alles mit Papier und Stift erledigt haben, lassen Sie vielleicht auch mal die Tasten nicht schnell genug los. Dem können Sie mit den Schiebereglern für Verzögerung (Pfeil 2) und Wiederholrate (Pfeil 3) entgegenwirken. Ich bin ein Verfechter dafür, diese Einstellungen nicht zu verändern. Leben Sie anfangs lieber mit ein paar Misserfolgen. Dafür können Sie es aber nach ein paar Tagen Übung richtig. Die Cursorblinkrate zu verändern kann ganz nützlich sein. Wenn Sie einen Text schreiben und den Cursor nicht sehen, weil er nur langsam vor sich hin blinkt, lohnt es sich vielleicht die Blinkrate zu erhöhen (Pfeil 4, vorherige Seite). In meinen Computerkursen habe ich immer wieder festgestellt, dass die Teilnehmer den Cursor so leichter finden.

Wartungscenter

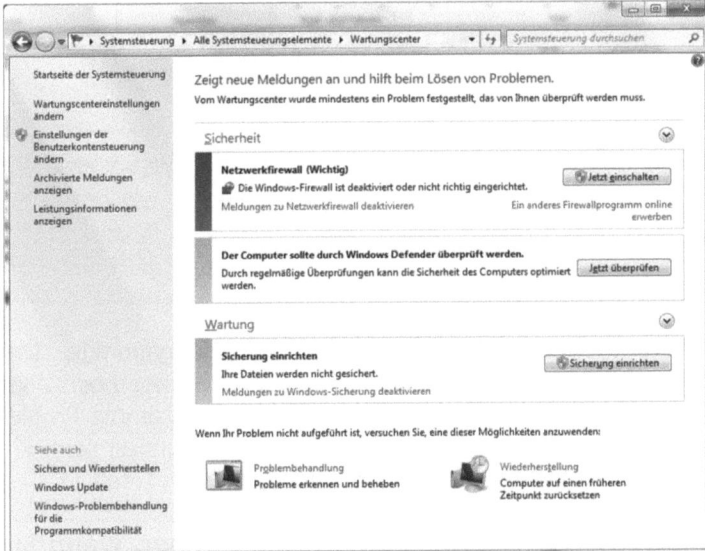

Sie erinnern sich noch an das kleine Warnzeichen aus der Infoleiste?

Es weist Sie darauf hin, dass mit den Sicherheitseinstellungen auf Ihrem PC etwas nicht optimal ist. Im Wartungscenter können Sie genau nachlesen, um was es geht. Außerdem finden Sie auch gleich Schaltflächen, mit denen Sie den Missstand ändern können. An der Farbigkeit der Balken erkennen Sie, wie wichtig diese Einstellung ist. Rot bedeutet sehr wichtig.

Wiederherstellung

Die Wiederherstellung oder auch Systemwiederherstellung kann sehr nützlich sein. Sollte nach irgendwelchen Änderungen, die Sie vorgenommen haben oder nach der Installation eines Programms etwas nicht mehr so funktionieren, wie Sie es erwarten und Sie sich sonst nicht mehr zu helfen wissen, dann sind Sie hier genau an der richtigen Stelle.

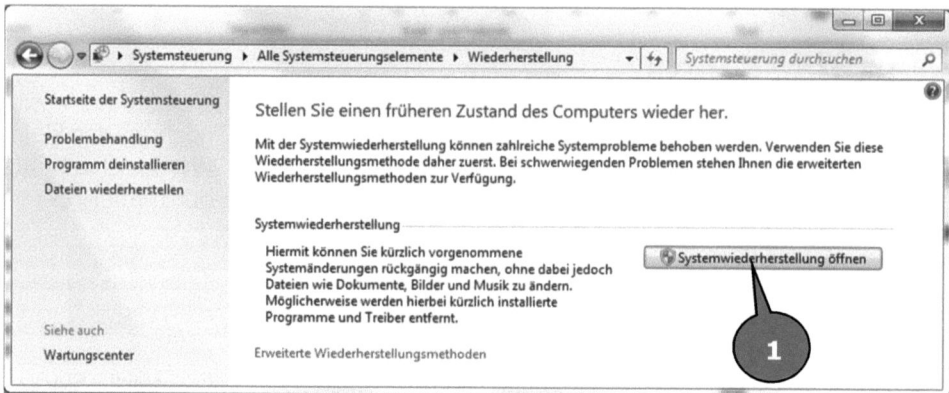

Das Programm speichert so genannte Systemwiederherstellungspunkte. Das sind die Systemeinstellungen, zu einem Zeitpunkt, als Ihr Rechner noch alles machte wie er soll. Sollten jetzt nach der Installation eines Programms Probleme auftreten und diese auch nach der Deinstallation noch vorhanden sein, klicken Sie auf die Schaltfläche **Systemwiederherstellung öffnen** (Pfeil 1).

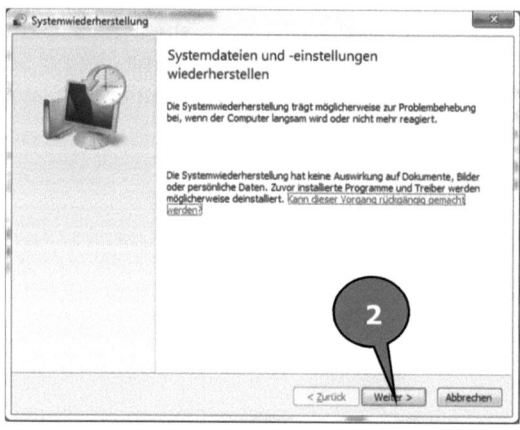

Machen Sie das nur, wenn Sie Probleme haben!

Als erstes taucht diese Meldung auf. Klicken Sie auf Weiter (Pfeil 2).

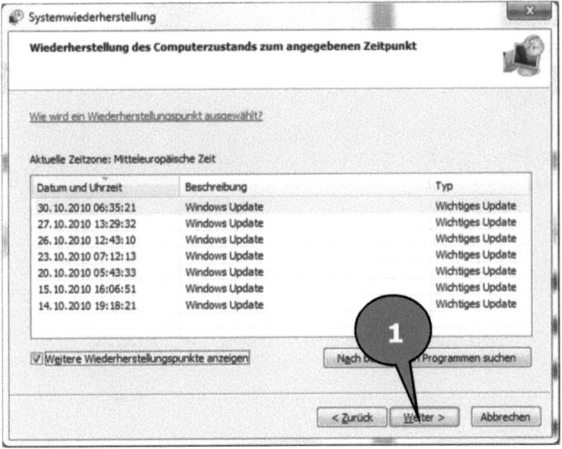

In einer Tabelle sehen Sie, wann welche Änderung an Ihrem PC vorgenommen wurde. Will man die Systemwiederherstellung laufen lassen, empfiehlt es sich natürlich die aktuellste Änderung als erstes rückgängig zu machen. Dazu klickt man diese einmal an um sie zu markieren. Klicken Sie dann auf **Weiter** (Pfeil 1).

Eine letzte Warnung erscheint. Wenn Sie sicher sind, dass Sie das wollen, klicken Sie auf **Fertig stellen** (Pfeil 2). Die Systemwiederherstellung kann u.U. eine Weile dauern. In der Regel werden Sie danach aufgefordert einen Neustart durch zu führen.

Sollte die Systemwiederherstellung das Problem nicht lösen, sollten Sie den nächsten Wiederherstellungszeitpunkt benutzen.

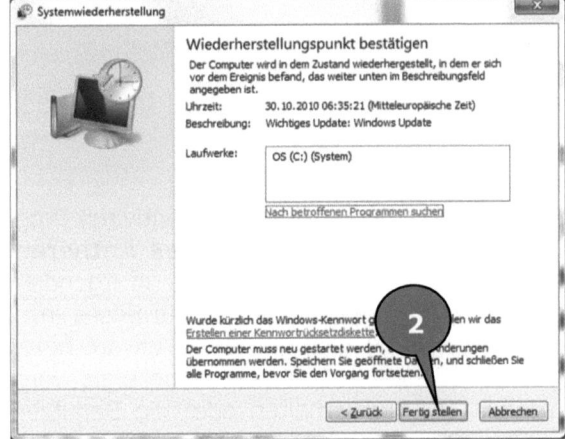

Windows-Defender

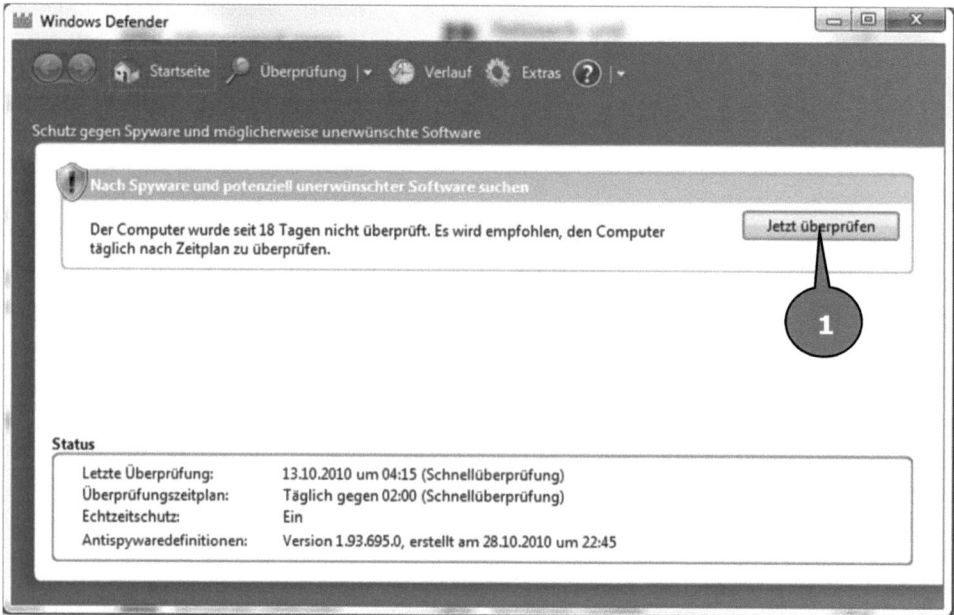

Der Windows-Defender ist kein Antiviren-Programm im klassischen Sinn. **Es ist also kein Ersatz für ein gutes Antiviren-Programm!** Windows-Defender sucht nach Programmen, die Sie in irgendeiner Art und Weise ausspionieren. Solche Programme müssen nichts Böses im Schilde führen. Viele solcher Programme werden auch gerne als Adware bezeichnet. Das sind kleine Werbeprogramme, die oft in Software mitgeliefert werden. Diese Programme protokollieren z.B. Ihr Surfverhalten oder die Benutzung von Programmen. Solche Programme machen den Rechner manchmal ziemlich langsam, was auch nicht

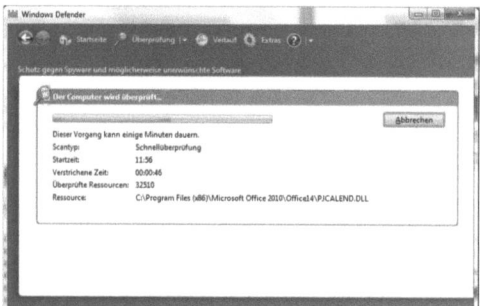

gerade zur Erheiterung beiträgt ☺. Der Windows-Defender findet und entfernt diese Programme. Wie Sie am oberen Bild sehen, bin ich ein wenig Überfällig. Seit 18 Tagen habe ich den Rechner nicht mehr durch den Windows-Defender überprüfen lassen. Also klicke ich jetzt mal auf die Schaltfläche **Jetzt überprüfen** (Pfeil 1). Der Vorgang kann eine Weile dauern.

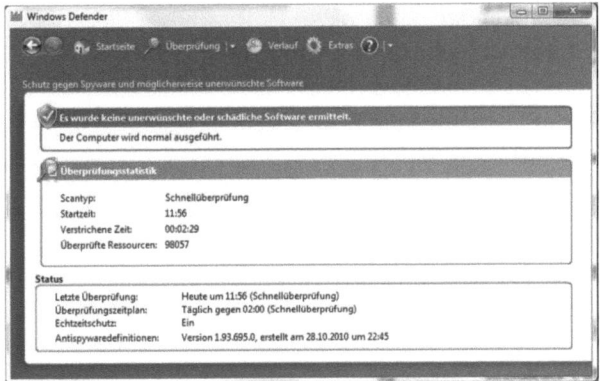

Idealerweise sieht das Ergebnis so aus. Wenn nicht, ist das kein Grund in Panik zu geraten. Folgen Sie einfach den Hinweisen zum Entfernen der unerwünschten Software.

Windows-Firewall

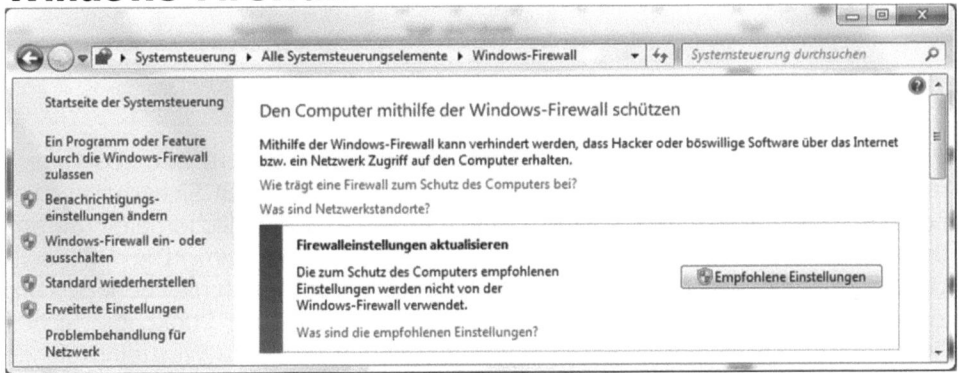

Die Windows-Firewall blockt zuverlässig unberechtigte Zugriffsversuche aus dem Internet auf Ihren Rechner. Sie sollten nicht so blauäugig sein und glauben, dass Ihnen das nicht passiert, dass Ihr Rechner nicht attackiert wird, nur weil Sie glauben nichts Interessantes für Fremde auf Ihrem Rechner zu haben. Ihren Rechner zu infizieren und z.B. als Spam-Schleuder zu verwenden, ist für Hacker durchaus interessant. Die Windows-Firewall blockiert aber nur zuverlässig unerwünschte Verbindungen aus dem Internet auf Ihren Rechner. Umgekehrt bietet das Programm aber leider sehr wenig Kontrollmöglichkeiten. Ich würde Ihnen da eher zu den Firewalls von Fremdherstellern raten. Dort können Sie ganz genau festlegen, welches Programm sich überhaupt mit dem Internet verbinden darf. Manches Sicherheitsprogramm bringt neben der Firewall auch gleich ein Antiviren-Programm mit. Mit Zonealarm und PC Tools Firewall plus gibt es aber auch zwei, für Privatanwender, kostenlose Programme, die äußerst Leistungsstark sind. Mit beiden habe ich sehr gute Erfahrungen gemacht.

Windows-Update

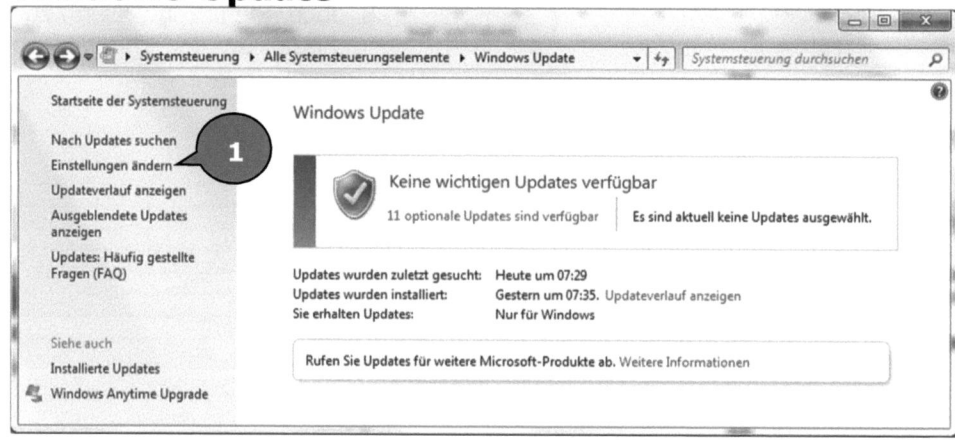

Windows ist, genau wie andere Programme und auch andere Betriebssysteme mit, einer guten Portion von mehr oder weniger gefährlichen Sicherheitslücken bestückt. Windows-Update gehört daher genauso zu den Sicherheitsprogrammen, wie etwa eine Firewall oder ein Antiviren-Programm. Die Windows-Updates dienen zwei Zwecken. Erstens sollen Sie Programmfehler beheben und zweitens Sicherheitslücken schließen. Zumindest der zweite Punkt, die Sicherheitslücken zu schließen, sollte immer sehr zeitnah erfolgen. Wird eine Sicherheitslücke erst mal bekannt, versucht jeder Hacker gleich sein Glück. Die Windows-Updates können automatisch ausgeführt werden. Die Einstellungen dazu können Sie vornehmen, wenn Sie auf die Schaltfläche **Einstellungen ändern** (Pfeil 1) klicken. Wie Sie unten sehen, habe ich Windows-Update so

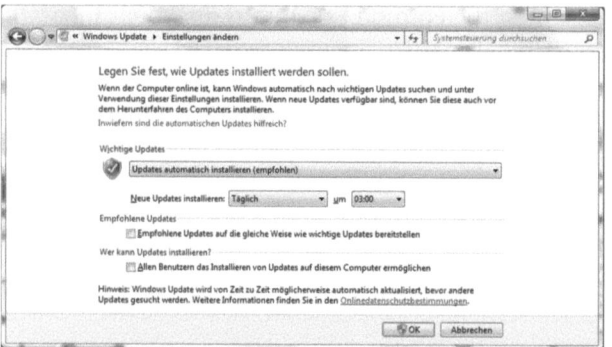

konfiguriert, dass es jeden Tag um 03:00 Uhr Updates herunterlädt. D.h. jetzt nicht, dass Windows 7 keine Updates macht, nur weil Sie nachts um 03:00 Uhr den PC nicht an haben. Verstreicht der Zeitpunkt, ergreift Windows-Update die Initiative, sobald Sie Ihren PC wieder mit dem Internet verbinden. Evtl. werden Sie nach erfolgtem Update auch aufgefordert den Rechner neu zu starten, damit die Updates aktiviert werden können. Windows 7 gibt dann eine entsprechende Meldung aus. Ich muss Sie da noch mal eindringlich warnen und nicht blauäugig zu sein. Deaktivieren Sie die Updates nicht! Nehmen Sie die Bedrohung durch Hacker ernst.

Hilfe aufrufen

Die Funktionstasten Ihrer Tastatur finden nur noch wenig Verwendung Windows und auch viele andere Programme nutzen aber die Taste **F1** um Hilfe aufzurufen. Wenn Sie **F1** gedrückt haben, erscheint das Hilfefenster. In der Eingabezeile (Pfeil 1), habe ich mal den Begriff Systemsteuerung eingegeben. Nach der Eingabe müssen Sie entweder die **Enter**-Taste drücken oder auf die kleine Lupe hinter der Eingabezeile (Pfeil 2) klicken. Wie Sie sehen gibt es zu dem Thema 30 Ergebnisse. Und mit etwas Glück

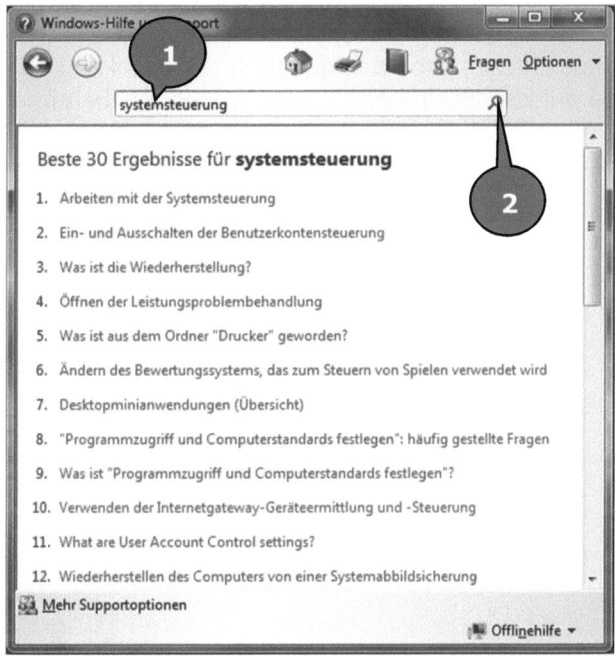

ist genau das dabei, was ich suche.

Verlorene Dateien finden

Irgendwann werden Sie mal eine Datei irgendwo hin speichern, wo Sie nicht hin gehört. Warum sollte es Ihnen da anders gehen als mir. Die gute Nachricht ist: wenn Sie sich erinnern, diese Datei nicht gelöscht zu haben, dann muss sie noch irgendwo sein. Nur halt nicht da, wo Sie sie vermuten. Windows 7 hat eine sehr leistungsfähige Suchmaschine integriert, die schon während Ihrer Sucheingabe anfängt nach der Datei zu suchen. Wenn Sie in der Taskleiste auf den Startknopf klicken, sehen Sie bereits die Eingabezeile der Suchmaschine (Pfeil 1). Klicken Sie dort hinein, fängt der Cursor an zu blinken und Sie können den Namen der gesuchten Datei eintippen. Je mehr Sie von dem Namen noch wissen, umso besser. Sie bekommen einfach weniger mögliche Treffer angezeigt. Nehmen wir mal, ich könnte das Dokument dieses Buches nicht mehr finden. Das wäre fatal für mich, wenn es weg wäre. Nehmen wir mal an, ich würde mich nur noch erinnern, dass der Dateiname mit *bod* anfängt, dann kam irgendwas, dann das Wort *windows* und danach noch irgendwas. Alle Zeichen, die ich noch weiß, gebe ich ein. Und für jede Zeichenfolge, die ich nicht mehr weiß, kann ich den * einsetzen (Pfeil 2). Der * wird in der Fachliteratur gerne als Asterix bezeichnet. Techniker würden ihn eher als Joker bezeichnen. Denn ein Joker ist er. Der * kann für jede unbekannte Zeichenfolge eingesetzt werden. Egal wie lang diese Zeichenfolge ist. Schon während Sie anfangen zu tippen, sehen Sie darüber die Ergebnisse der Suche. Je mehr Zeichen Sie noch wissen, umso weniger Treffer werden übrig bleiben (Pfeil 3). Sie können aber sicher sein, dass Ihre gesuchte Datei, sofern Sie wirklich noch auf der Festplatte ist, auch gefunden wird. Ein Doppelklick darauf öffnet die Datei im zugehörigen Programm. Suchmaschinen unterscheiden übrigens nicht zwischen Groß- und Kleinschreibung.

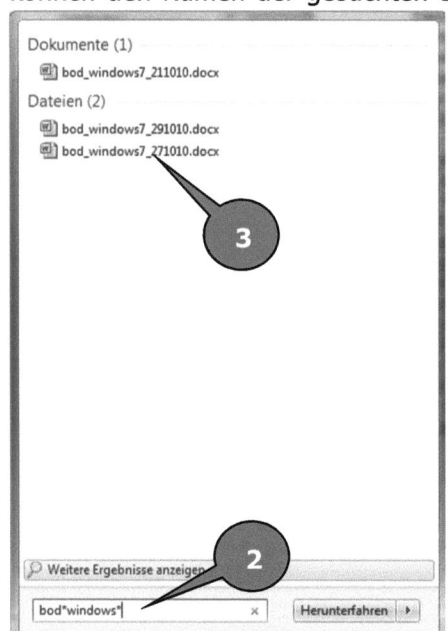

Musik anhören

Wenn Sie kein anderes Abspielprogramm oder in der Fachsprache einen anderen Media-Player installiert haben, dann werden Musik-Dateien mit dem Windows Media-Player abgespielt. Dabei ist es egal, ob diese Musik-Dateien im MP3- oder WAV-Format auf Ihrer Festplatte vorliegen. Im Ordner **Bibliotheken/Musik/Beispielmusik** finden Sie einige Demo-Stücke. Doppelklicken Sie eines davon, wird der Windows-Media-Player gestartet und das Musikstück

abgespielt. Wenn Sie hingegen eine Musik-CD einlegen, ist das Verhalten abhängig von den Einstellungen, die Sie im Programm **Systemsteuerung/Automatisch Wiedergabe** vorgenommen haben. Die Bedienung des Windows Media-Players ist der eines CD-Players nicht unähnlich. Es gibt einen Wiedergabeknopf, eine Pausetaste, Stopp, Vor- und Rücklauf, Lautstärke usw. Die Lautstär-

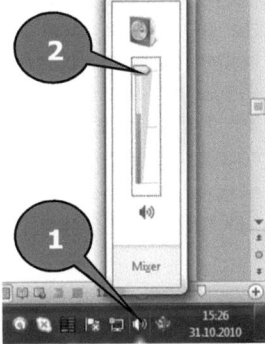

ke können Sie übrigens nicht nur hier einstellen, sondern auch in der Infoleiste. Wenn Sie auf das Lautsprechersymbol (Pfeil 1) klicken, erscheint ein Schieberegler (Pfeil 2), den Sie mit gedrückter linker Maustaste verschieben können um die Lautstärke anzupassen.

Videos ansehen

Da muss man zwei Dinge unterscheiden. Sie können eine reine Video-Datei genauso starten wie eine Musik-Datei. Im Ordner **Bibliotheken/Videos/Beispielvideos** finden Sie ein kleines Video. Sofern Sie kein anders Abspielprogramm installiert haben, werden diese Dateien auch im

Windows-Media-Player abgespielt. Bei Videos gibt es viele unterschiedliche Datei-Formate. Z.B. AVI, MPEG, MP4, MOV um nur einige zu nennen. Bei einigen dieser Formate benötigen Sie so genannte Codecs um diese Dateien abspielen zu können. Da müssen Sie dann im Internet auf die Suche gehen um diese Codecs zu finden oder Sie benötigen ein Abspielprogramm, wie etwa den VLC-Player von Videolan (www.videolan.org). Der kostenlose VLC-Player spielt nahezu jedes Format ab. Wenn Sie hingegen eine Film-DVD einlegen, ist das Verhalten abhängig von den Einstellungen, die Sie im Programm **Systemsteuerung/Automatisch Wiedergabe** vorgenommen haben. Der Windows Media-Player ist nur sehr eingeschränkt in der Lage Film-DVDs abzuspielen. Da würde ich Ihnen auch eher zum VLC-Player oder dem kostenpflichtigen Power-DVD raten. Sehen Sie mal in Ihren Programmen nach. Vielleicht ist Power-DVD ja schon auf Ihrem Rechner vorinstalliert. Das Programm wird häufig bei neuen Computern mitgeliefert.

Windows live

Unter Windows live versteht man eine Gruppe von Programmen. Bei den älteren Windows-Versionen waren diese Programme meistens schon vorinstalliert. Da wären z.B. das E-Mail-Programm Live-Mail, die Videoschnittsoftware Windows MovieMaker, der Windows Messenger und noch einige Programme mehr. Diese Programme sind kostenlose Zusatzprogramme von Microsoft und können von deren Homepage über das Internet herunter geladen werden. Ich habe allerdings auch schon einige Rechner gesehen, bei denen Ihnen der Hersteller diese Arbeit schon abgenommen hat und diese Programme vorinstalliert sind. Sollte das jedoch nicht der Fall sein, geben Sie doch mal auf der Microsoftseite **www.microsoft.de** als Suchbegriff *windows live moviemaker* ein. Ich bin sicher, Sie werden dieses Programm schnell finden.

Wartung

Unter **Start/Alle Programme/Wartung** finden Sie mehrere Wartungsprogramme. Eines davon ist besonders wichtig für den Fall, dass Sie mal eine Software installiert haben oder Systemeinstellungen verändert haben, die dazu führen, dass Windows nicht mehr startet. Übel, übel so was! Mit dem Programm **Systemreparaturdatenträger erstellen** können Sie eine CD oder DVD brennen, die nicht nur bootfähig ist, sondern auch u.U. die Fehler die passiert sind wieder ausbügeln kann. Sie sollten sich auf jeden Fall eine solche Notfall-CD anfertigen. Nicht erst wenn es irgendwo geknallt hat ☺. Dann ist es zu spät. Wenn Sie das Programm gestartet haben, legen Sie eine leere CD oder DVD ein und klicken auf die Schaltfläche Datenträger erstellen (Pfeil 1). Der Rest geht von alleine.

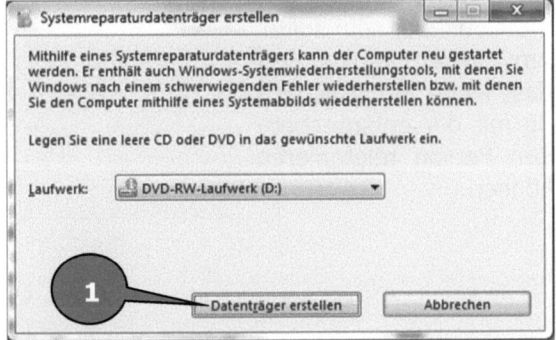

Mit dem Programm **Sichern und Wiederherstellen** aus dem Ordner Wartung können Sie sich eine regelmäßige Datensicherung anlegen. Ich empfehle Ihnen da eher die Methode wie im Kapitel *Daten sichern* beschrieben.

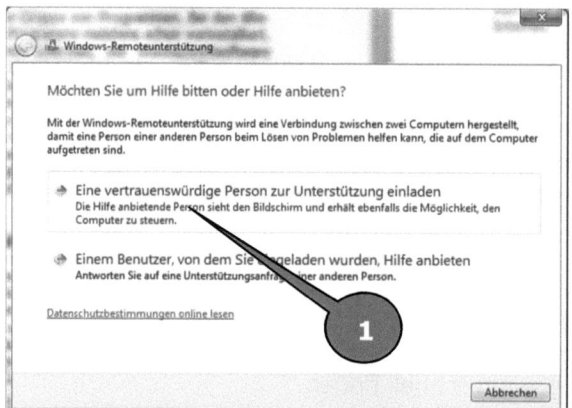

Mit dem Programm **Windows Remoteunterstützung** können Sie Ihren Rechner von einer anderen Person fernsteuern lassen um dort ein wenig aufzuräumen, wenn dies erforderlich ist. Das funktioniert nur über das Internet. Klicken Sie auf die Schaltfläche **Eine vertrauenswürdige Person zur Unterstützung einladen** (Pfeil 1) an. Im folgenden Fenster können Sie auswählen, wie die Unterstützungsanforderung versendet wird. Sie können eine E-Mail versenden, in der die Datei eingebettet ist. Der Empfänger dieser Email kann die Datei öffnen und bekommt so Zugriff auf Ihren Rechner. Keine Angst. Sie können alles sehen, was derjenige tut und Sie können die Sache auch jederzeit stoppen, wenn Ihnen das nicht geheuer sein sollte. Am besten funktioniert das, wenn Sie gleichzeitig mit der entsprechenden Person telefonieren können.

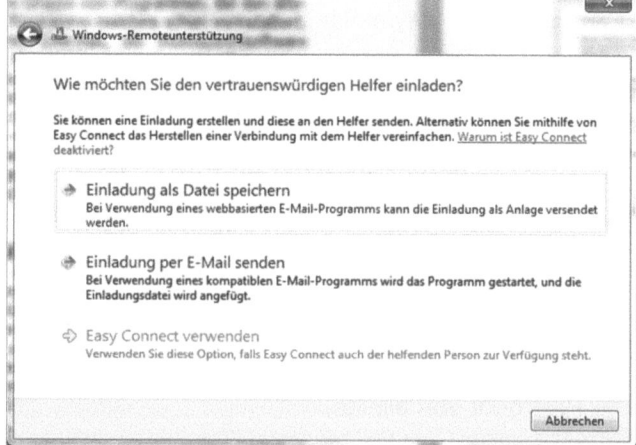

Spiele

Über **Start/Alle Programme/Spiele** finden Sie einige vorinstallierte Spiele. Ich persönlich spiele eher wenig am Computer. Dafür habe ich ihn nicht angeschafft. Sie auch nicht? Gerade für Anfänger, die sich noch schwertun im Umgang mit der Maus, sind die Spiele gar nicht so verkehrt. Spielen Sie mal zwei Wochen Solitär, da müssen Sie recht große Objekte mit der Maus treffen und bewegen. Wenn Sie das sicher drauf haben, spielen Sie Minesweeper. Da müssen Sie sehr kleine Objekte treffen. Da das Spiel auch auf Zeit läuft, werden Sie auch immer schneller.

Der Rechner

Windows 7 hat einen sehr leistungsfähigen, ich nenne ihn mal, Taschenrechner. Sie finden Ihn unter **Start/Alle Programme/Zubehör /Rechner**. In dieser Ansichtsform benimmt er sich wie ein Solartaschenrechner für € 1,99. Von Punktrechnung vor Strichrechnung hat er noch nichts gehört. Probieren Sie es mal aus. 4+4x4 ergibt hier 32 anstatt 20. Anders verhält sich das, wenn man die Ansichtsform ändert. Da steckt nämlich noch viel mehr drin. Wenn Sie auf **Ansicht /Wissenschaftlich** klicken (Pfeil 1), kann er auch Punktrechnung vor Strichrechnung.

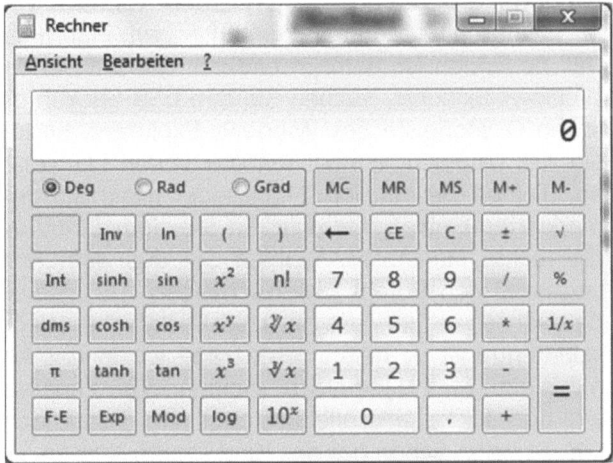

USB-Sticks

USB-Sticks sind eine preiswerte und sehr flexible Lösung für den Transport von Daten aller Art geworden. Selbst USB-Sticks mit mehreren GByte Kapazität sind heute wirklich schon für kleines Geld zu haben. Flexibel sind sie deshalb, weil sie unter Windows 7 automatisch erkannt und als Laufwerk ins System eingebunden werden. Sie benötigen nicht einmal mehr eine Treibersoftware. Man steckt sie einfach in einen beliebigen freien USB-Steckplatz. Moderne PCs haben genug freie USB-Steckplätze ☺. Bedient werden USB-Sticks z.B. im Windows-Explorer. Dort können Sie Daten aller Art, also auch Fotos, kopieren, verschieben oder löschen. Die Bedienung ist dabei identisch wie im Ordner „Eigene Bilder". Wenn Sie vorhaben sollten die Fotos Ihres letzten Urlaubs oder natürlich andere Dateien irgendwohin mit zu nehmen, um sie dort auf einem fremden PC zu zeigen oder Sie Fotos in einem Drogeriemarkt ausdrucken lassen wollen, ist so ein USB-Stick die erste Wahl. Der USB-Stick ist klein, benötigt keine extra Stromversorgung, Daten können fast beliebig oft verändert werden und er ist wesentlich robuster als eine CD oder DVD.

USB-Stick umbenennen

Viele Hersteller liefern USB-Sticks meist fertig formatiert aus. Sie sind damit sofort einsatzbereit. Dummerweise wird meist kein Name für das Laufwerk vergeben. Es heißt dann schlicht „Wechseldatenträger (J:)", um nur mal ein Beispiel zu nennen. Wenn Sie jetzt auch noch einen Card-Reader Ihr Eigen nennen, dann haben Sie aber schon eine Menge Wechseldatenträger, die Ihnen im Windows-Explorer angezeigt werden. Hilfreich wäre in diesem Fall, dem USB-Stick einen passenden Namen zu geben. Man findet ihn dann einfach schneller.

Das Benennen ist ziemlich einfach. Starten Sie den Windows-Explorer. Suchen Sie den USB-Stick in der linken Ordnerleiste des Windows-Explorers. Klicken Sie das Laufwerk einmal mit der linken Maustaste an. Bleiben Sie mit dem Mauszeiger exakt auf dem markierten Eintrag und drücken Sie einmal kurz auf die rechte Maustaste. Wählen Sie aus dem Kontextmenü den Befehl **Eigenschaften**. In unserem Beispiel sehen Sie, dass der USB-Stick bisher Wechseldatenträger J: heißt. Jetzt trage ich in das Namensfeld (Pfeil 1) einfach meinen Wunschnamen ein und klicke anschließend auf die Schaltfläche **OK**. Et voila: Schon hat das Kind seinen Namen.

USB-Stick mit eigenem Piktogramm

Lesen Sie sich doch mal das Kapitel „**Piktogramm der Speicherkarte ändern**" durch. Dort steht genau beschrieben, wie das durch zu führen ist. Es spielt nämlich überhaupt keine Rolle, ob Sie das für einen USB-Stick, die Speicherkarte Ihrer Digitalkamera oder etwa die Partitionen Ihrer Festplatten machen.

USB-Sticks und Speicherkarten löschen

Grundsätzlich lassen sich Dateien auf diesen beiden Medientypen genauso löschen wie auch auf der Festplatte. Sie markieren die entsprechende Datei oder die entsprechenden Dateien durch einfachen Mausklick, oder in Verbindung mit der Shift- bzw. Strg-Taste und drücken dann die **Entf**-Taste (Entfernen) auf Ihrer Tastatur. Es erscheint eine Sicherheitsabfrage, ob Sie diese Dateien wirklich in den Papierkorb verschieben wollen. Klicken Sie in diesem kleinen Fenster auf die Schaltfläche **Ja** (Pfeil 1), werden die markierten Dateien in den Papierkorb verschoben.

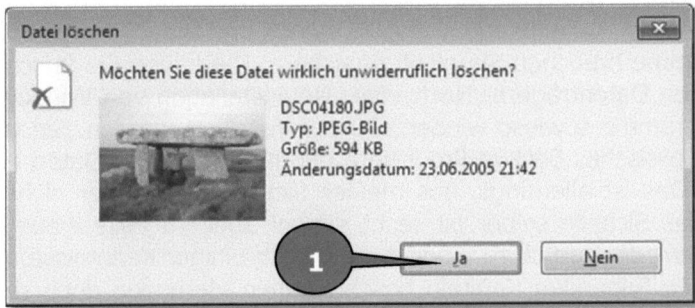

Oder bleiben Sie mit dem Mauszeiger genau auf einem der markierten Objekte (Siehe Kapitel: Löschen von Fotos), egal auf welchem, machen Sie einen kurzen Rechtsklick mit der Maus und wählen Sie aus dem Kontextmenü den Befehl **Löschen**. Auch dann erscheint die Sicherheitsabfrage, die Sie noch mit **Ja** bestätigen müssen.

Bei der Speicherkarte Ihrer Digitalkamera können Sie grundsätzlich genauso vorgehen. Allerdings gibt es da eine schnellere Methode. Jede Digitalkamera hat nämlich irgendwo im Menü einen Befehl „**Formatieren**". Mit diesem Befehl können Sie die Speicherkarte in wenigen Sekunden vollständig leerfegen. Wenn Sie nicht genau wissen, wo in den Menüs der Digitalkamera der Befehl versteckt ist, sehen Sie in der Bedienungsanleitung nach. Da kocht nämlich jeder Hersteller sein eigenes Süppchen.

Daten sichern

Ganz zweifellos sind die Daten und damit natürlich auch Ihre Fotos, auf einem PC deutlich stärker gefährdet als die guten, alten Papierbilder im Schuhkarton oder im Fotoalbum. Ein PC kann gestohlen werden, ein Defekt oder eine Überspannung durch einen Blitzeinschlag können Ihre Daten für immer vernichten. Diese Gefahr sollten Sie niemals unterschätzen! Sie sollten also Ihre Daten regelmäßig auf ein Medium sichern, das Sie auch weit ab vom Computer lagern können. Sie können mich da ruhig paranoid nennen ☺. Aber glauben Sie mir, ich habe schon zu viel gesehen. Nehmen Sie sich die Zeit für eine ordentliche Datensicherung. Die beiden Hauptsicherungsmedien im Heimbereich sind sicherlich die CD bzw. DVD und die externe Festplatte. In den folgenden beiden Kapiteln zeige ich Ihnen einfache Methoden, wie Sie nicht nur alle relevanten Daten sichern, sondern auch beim Verlust einzelner oder vieler Daten, diese wieder von Ihrem Sicherungsmedium zurückholen. Grundsätzlich sollten Sie alle Daten im Ordner **Bibliotheken** sichern. Also nicht nur Ihre Fotos, sondern auch Dokumente, Kalkulationen, Musik, Videos und was Sie sonst noch so haben. Programme brauchen Sie nicht zu sichern. Die haben Sie ja schließlich auf irgendwelchen Datenträgern. Nach einer Neuinstallation von Windows 7 müssten die Programme sowieso wieder alle neu installiert werden. Sie könnten natürlich ein klassisches Backup-Programm benutzen, um Ihre Daten automatisch zu sichern. Das ist allerdings, aus meiner Sicht, für Anfänger nicht unbedingt geeignet. Das Sichern selber ist recht simpel aber im Falle eines Crashs die Daten ALLE wieder zurück zu holen bedarf doch einiger Kenntnisse. Da sind die in den beiden folgenden Kapiteln beschriebenen Methoden doch sehr viel anfängerfreundlicher.

Datensicherung auf CD oder DVD

Eine Datensicherung auf CD oder DVD ist mittlerweile recht preiswert. Selbst dann, wenn Sie mehrere Medien dazu brauchen, weil nicht mehr alles auf einen Datenträger passt. CDs haben ein Fassungsvermögen von 650-700 MByte, DVDs von 4,7 GByte und Blu-ray gibt es sogar mit 25 bzw 50 GByte. Wenn wir mal von einer durchschnittlichen Größe von ca. 3 MByte pro Foto ausgehen, bekommen Sie also auf eine CD ca. 220-250 Fotos, auf eine DVD ca. 1500 Fotos und auf eine Blu-ray ca. 6000 bzw. 12000 Fotos. Wenn Sie sich mal Ihre Fotosammlung ansehen, werden Sie schnell erkennen, welches Medium für Sie besser geeignet ist. Alle Medien gibt es übrigens auch als wiederbeschreibbar. Diese sind zwar in der Anschaffung etwas teurer, dafür können Sie etwa 100

Mal neu beschrieben werden. Langfristig kommt man also mit den Wiederbeschreibbaren billiger davon. Mein favorisiertes Programm für die Datensicherung auf CD/DVD/Blu-ray ist das Programm **CDBurnerXP**. Es hat den großen Vorteil, dass es für die Privatnutzung kostenlos ist. Außerdem ist es in Deutsch verfügbar, sehr einfach zu installieren und zu bedienen. Sie können das Programm im Internet kostenlos unter **www.cdburnerxp.se** herunterladen. Keine Angst. Auch wenn im Namen die Buchstaben XP vorkommen... Die Software läuft auch unter Windows 7.

Nach der Installation starten Sie das Programm. Folgendes Fenster öffnet sich.

Klicken Sie einmal auf **Daten-Zusammenstellung** (Pfeil 1) und dann auf die Schaltfläche **OK** (Pfeil 2).

Suchen Sie links oben die zu sichernden Ordner aus. In diesem Beispiel ist das der Ordner **Eigene Bilder**. Der befindet sich im Ordner **Bilder**. Aus dem Ordner **Eigene Bilder** möchte ich die Jahresordner **1999** bis **2009** (Pfeil 1) sichern. Dazu ziehe ich einen Ordner nach dem Anderen, mit gedrückter linker Maustaste rechts unten in das Feld (Langer Pfeil). Dort sehe ich alle bereits für den Brennvorgang zusammengestellten Ordner (Pfeil 2). Dabei darf ich den Füllstandsanzeiger (Pfeil 3) nicht aus den Augen verlieren. Bei einer CD sollte ich 650 MByte nicht überschreiten, bei einer DVD muss ich unter 4,7 GByte bleiben und bei einer Blu-ray unter 25 bzw. 50 GByte. Wie Sie in diesem Beispiel sehen, werde ich nicht alle Fotos auf eine DVD bekommen. Die Ordner 1999 bis 2007 sind zusammen schon über 4 GByte groß. Die Ordner 2008 und 2009 werden wahrscheinlich nicht mehr mit auf eine DVD passen. Da versuche ich dann auch gar nicht mehr mich mühsam heranzutasten. Ich akzeptiere einfach, dass ich zwei DVDs benötige. Ist die eine CD/DVD fertig, mache ich einfach eine neue Zusammenstellung für die beiden verbliebenen Ordner.

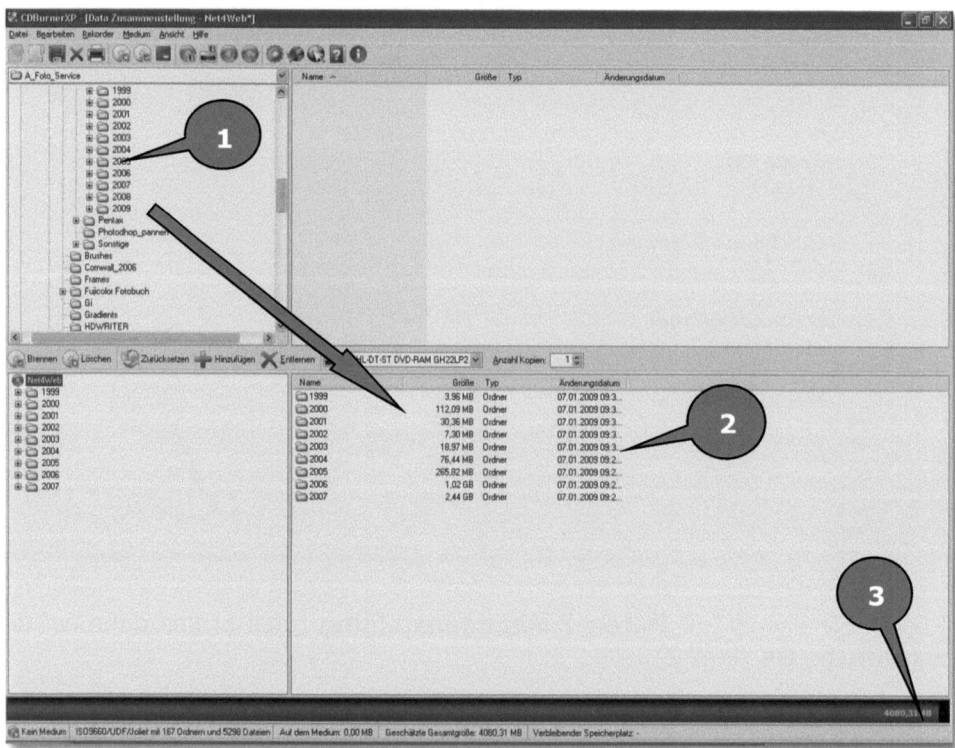

Haben Sie alles in der Zusammenstellung, was Sie wollten, bzw. was rein passt, klicken Sie einmal auf die Schaltfläche **Brennen**.

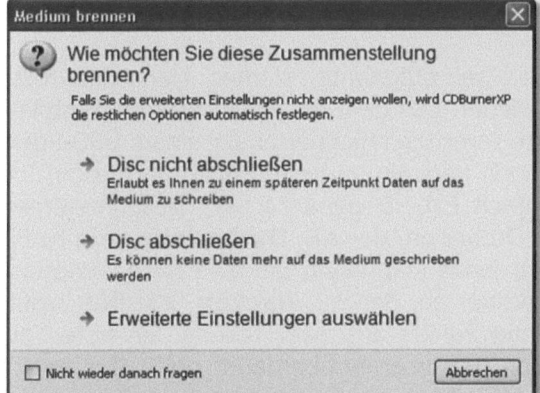

Daraufhin öffnet sich dieses kleine Fenster. Sie sollten die **Disc abschließen**. Das garantiert, dass Sie den Datenträger nach dem Brennen auf jedem PC öffnen können. Übrigens können Sie diese dann auch möglichweise auf Ihrem DVD-Spieler im Wohnzimmer abspielen!

Das Programm zeigt Ihnen an, was für eine Kapazität Ihr Medium haben muss. Bei allem was über 650 MByte liegt, ist es klar, dass Sie mindestens einen DVD-Rohling benötigen. Legen Sie diesen jetzt ein und in einigen Minuten wird Ihre Datensicherung fertig sein. Je nach Rechenleistung Ihres PC sollten Sie während des Brennvorgangs keine weiteren

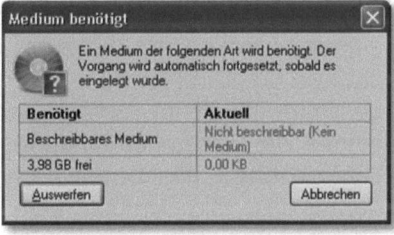

Programme starten! Das führt manchmal zu einem so genannten Buffer-Underrun. Der Speicher für den Brenn-Datenstrom läuft leer und damit wird die CD/DVD unbrauchbar. Ich finde immer, soviel Zeit sollte man sich nehmen ☺. Beschriften Sie den Datenträger anschließend sofort. Und das eindeutig. Schreiben Sie mit einem geeigneten Stift darauf, was Sie gesichert haben und vergessen Sie das Datum nicht. Dann wissen Sie später auch immer, welche Ihre aktuellste Datensicherung ist. Auch auf die Gefahr hin, dass Sie nochmal sagen, ich sei paranoid … Sie sollten mehr als nur eine Datensicherung haben. Ein Datenträger kann ja auch mal kaputt gehen. Dann würden Sie auch alle Daten verlieren!

Datensicherung auf eine externe Festplatte

Externe Festplatten mit einer Kapazität von mehreren hundert Gigabyte oder sogar mehr als 1 Terabyte, bekommt man heute sehr preisgünstig. Der Vorteil dieser Systeme ist, dass sie an einen freien USB-Steckplatz angeschlossen werden und sich unter Windows 7 automatisch einbinden. Sie brauchen also keine zusätzliche Software und Sie müssen auch keinerlei Einstellungen vornehmen. Sie können quasi wenige Sekunden nach dem Anschließen schon los legen.

Geben Sie Ihrer externen Festplatte einen prägnanten Namen. Dann finden Sie sie im Windows-Explorer schneller wieder. Das geht bei einer externen Festplatte genauso wie bei der Speicherkarte Ihrer Digitalkamera oder einem USB-Stick. Das können Sie in den entsprechenden Kapiteln in diesem Buch nachlesen. Ich habe meine externe Festplatte einfach Ext-HD genannt. Auf dieser externen Festplatte legen Sie zunächst einen Ordner an, der z.B. **Datensicherung** heißt. In diesem Ordner legen Sie Sie sich jedes Mal, wenn Sie eine Datensicherung durchführen möchten, einen Unterordner an, der z.B. **Backup_230909** heißt. Dabei besteht der Name dieses Unterordners aus zwei Teilen. Der erste Teil, nämlich das Wort „Backup", zeigt an, um was es überhaupt geht. Der zweite Teil 230909 ist das Datum des aktuellen Backups. So können Sie bei mehreren Backups immer auf einen Blick sehen, welche die aktuellste Version ist. Wenn Sie diesen neuen Ordner angelegt haben, gehen Sie auf der Festplatte in den Ordner **Bibliotheken**. Es reicht, wenn Sie ihn in der linken Explorer-Leiste einmal anklicken um ihn zu markieren. Sie erinnern sich? Der Ordner **Bibliotheken** steht immer sehr zentral. Wenn Sie ihn markiert haben, erscheint sein gesamter Inhalt im rechten Bereich des Windows-Explorers. Drücken Sie jetzt einmal die Tastenkombination **Strg+a**. Das markiert innerhalb des Ordners **Bibliotheken** alle Dateien und Ordner auf einen Schlag. Sie erkennen das daran, dass alle Symbole blau umrahmt werden. Drücken Sie nun einmal die Tastenkombination **Strg+c**. Der Windows-Explorer weiß nun, dass Sie diese Dateien und Ordner irgendwo hin kopieren möchten. Sie müssen ihm jetzt nur noch mitteilen, wohin es denn gehen soll. Klicken Sie in der linken Windows-Explorerleiste auf den Ordner, den Sie gerade angelegt haben. Also z.B. **Ext-HD/Datensicherung/Backup_230909**. Dieser Ordner ist noch leer. Sie haben ihn ja gerade erst angelegt. Klicken Sie auf der rechten Seite des Windows-Explorers einmal in die leere weiße Fläche. Drücken Sie jetzt einmal die Tastenkombination **Strg+v**. Der Windows-Explorer beginnt nun damit alle Dateien aus dem Ordner **Bibliotheken** in Ihren **Backup-Ordner** zu kopieren. Je nach Datenmenge kann das eine Weile dauern.

Wie Sie am folgenden Beispiel sehen können, habe ich mehrere Backup-Ordner auf meiner externen Festplatte. Ich habe recht viele Daten. Jedes meiner Backups ist ca. 50 GByte groß. Meine externe Festplatte hat eine Kapazität von 500 GByte. Es gehen also einige Backups da drauf, bevor der Platz knapp wird. Die Bevorratung mehrerer Backups macht das System nicht langsamer. Und solange ich genug Platz habe, gibt es daher auch keinen Grund alte Backups zu löschen. Sollten Sie mal zusätzlichen Platz benötigen, können Sie immer noch die ältesten Backup-Ordner löschen.

Wenn Sie ein Backup durchgeführt haben, sollten Sie die externe Festplatte abklemmen und irgendwo separat einlagern, bis sie wieder benötigt wird. Das ist wichtig! Denn wenn es z.B. mal zu einem Blitzeinschlag kommt und die externe Festplatte ist auch am Rechner angeschlossen, dann können Sie davon ausgehen, dass ein Blitz auch nicht vor der externen Festplatte halt macht ☺.

Was ist der Vorteil dieser Methoden?

Die Bevorratung mehrerer Backups, egal ob auf CD/DVD oder einer externen Festplatte hat einige Vorteile. Sollte mal in der aktuellsten Datensicherung eine Datei beschädigt sein oder Sie haben mal zwischendurch etwas aus dem Ordner **Bibliotheken** gelöscht, was Sie lieber nicht gelöscht hätten, dann ist die Chance natürlich sehr groß, dass Sie in einem älteren Backup diese Dateien noch intakt vorfinden. Ein weiterer Vorteil, gegenüber dem Einsatz eines klassischen Backup-Programms ist sicherlich der, dass Sie auch einzelne Dateien leicht aus einem Backup-Ordner zurück in Ihren Ordner **Bibliotheken** holen können. Sie finden auch alles leicht wieder, da die Ordnerstruktur ja weitestgehend identisch mit der Ordnerstruktur in **Bibliotheken** ist.

Achtung bei USB-Sticks und externen Festplatten

Wenn Sie Daten auf eines dieser Medien kopiert haben oder Daten darauf auch nur verändert haben, sollten Sie die Geräte nicht einfach rausziehen. Erst müssen die abgemeldet werden, sonst können Datenfehler auftreten. Windows hat dafür eine

Funktion, die sich **Hardware sicher entfernen** (Pfeil 1) nennt. Es befindet sich immer dann in der Info-Leiste, wenn ein externes Speichermedium, also eine Festplatte oder ein USB-Stick angeschlossen sind. Manchmal erscheint es

auch bei anderen Geräten. Klicken Sie einmal auf das Symbol, erscheint eine Liste mit den angeschlossenen Geräten. Klicken Sie das Gerät Ihrer Wahl an. Das Gerät wird in Windows abgemeldet.

Wenn noch irgendein Programm darauf zugreift, sieht das schon anders aus. Nehmen wir mal an, Sie würden gerade den Inhalt Ihres USB-Sticks im

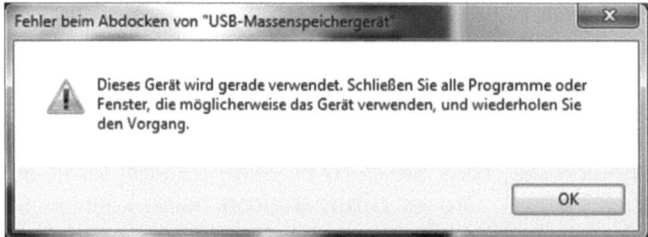

Windows-Explorer begutachten. Dann würde beim Entfernen diese Meldung erscheinen. Beenden Sie dann alle Programme, die auf die Komponente zugreifen und versuchen Sie es erneut. Wenn Sie nur Daten von einem USB-Stick oder einer Festplatte gelesen haben und nichts, aber auch wirklich nichts darauf geschrieben haben, können Sie das Gerät auch einfach während des Betriebs rausziehen. Die Daten bleiben dann konsistent.

Der Papierkorb

Um das versehentliche Löschen von Dateien zu verhindern, erscheint bei jedem Löschvorgang eine Sicherheitsabfrage, ob Sie die betreffenden Dateien wirklich löschen wollen. Selbst wenn sie das bestätigen, sind sie noch nicht endgültig gelöscht. Sie werden zunächst in den **Papierkorb** verschoben.

Erst wenn Sie den **Papierkorb** durch Doppelklick öffnen, finden sie dort den Befehl **Papierkorb leeren** (Pfeil 1). Klicken Sie darauf, sind danach die Dateien wirklich und unwiderruflich gelöscht. Naja. Ehrlich gesagt gibt es dann auch noch eine theoretische Möglichkeit die Daten wieder sichtbar zu machen. Das geht unter Umständen mit einem so genannten Undelete-Programm.

Klicken Sie hingegen auf **Alle Elemente wiederherstellen** (Pfeil 2), werden alle Dateien wieder an ihren Ursprungsort verschoben. Klicken Sie jedoch nur ein bestimmtes Element einmal an, ändert sich der Text des Befehls auf **Element wiederherstellen** (Pfeil 3). Klicken Sie diesen dann an, wird auch nur dieses eine markierte Element wieder an seinen Ursprungsort verschoben.

Wenn Sie mal Dateien versehentlich gelöscht haben, kann der Papierkorb sozusagen Ihr letzter Rettungsanker sein. Das wäre, als ob Sie den Lottoschein in den Papierkorb geworfen haben. Solange der in der Küche steht, können Sie ihn dort auch wieder herausholen. Erst wenn die Müllabfuhr alles abgeholt hat, gibt es nur noch eine theoretische Chance wieder an den Zettel zu kommen. Eine sehr theoretische Chance ☺.

E-Mail-Versand von Fotos

Sie möchten ab und an Fotos per Email versenden? Das Umwandeln der Fotos in eine andere Größe, damit sie email-tauglich werden, ist schon mühsam. Oder? Macht auch keinen Spaß. Windows 7 bietet da eine nette kleine Arbeitserleichterung. Die funktioniert aber nur dann, wenn Sie **Windows Live Mail** oder **Outlook** als Email-Programm einsetzen. Markieren Sie doch einmal im Windows-Explorer ein oder mehrere Fotos. Jetzt öffnen Sie das Kontextmenü über die rechte Maustaste und wählen einmal den Befehl: **Senden an** und dort den Befehl: **Email-Empfänger**.

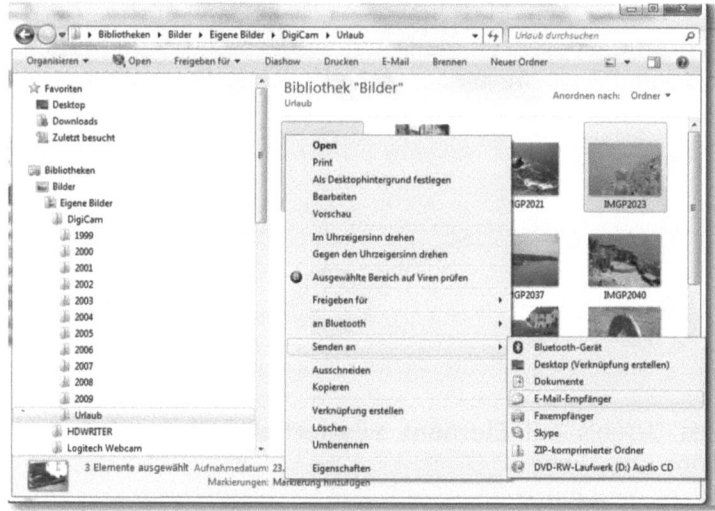

Folgendes Fenster öffnet sich:

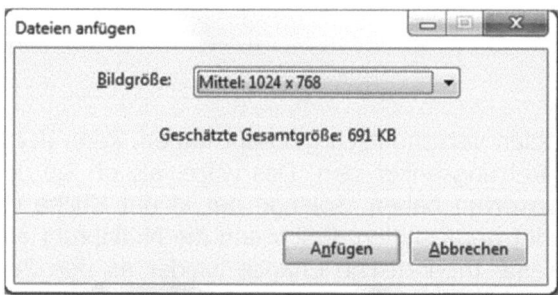

Alle Bilder verkleinern wäre ja schon hilfreich. Wenn Sie jetzt noch auf den kleinen Pfeil neben der Bildgröße klicken, können Sie sich die Größe in gewissen Grenzen sogar aussuchen.

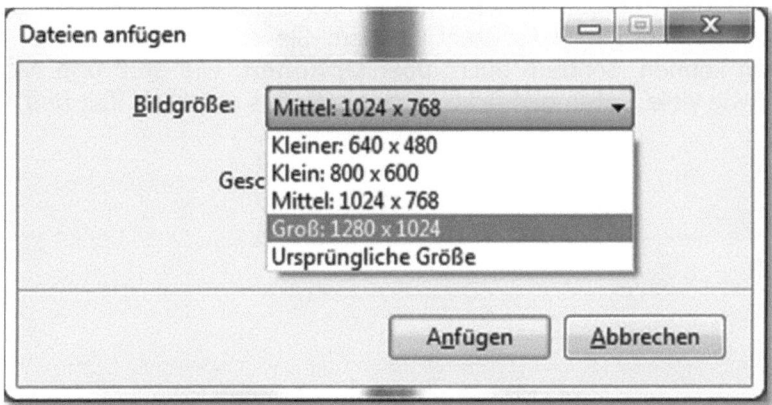

Wenn Sie eine Größe festgelegt und anschließend auf **Anfügen** gedrückt haben, öffnet sich automatisch Ihr Email-Programm. Sie müssen nur noch eine Empfänger-Adresse aussuchen, ein paar Takte dazu schreiben und schon geht's los. Die Fotos sind nämlich automatisch im Anhang der neuen Mail gelandet.

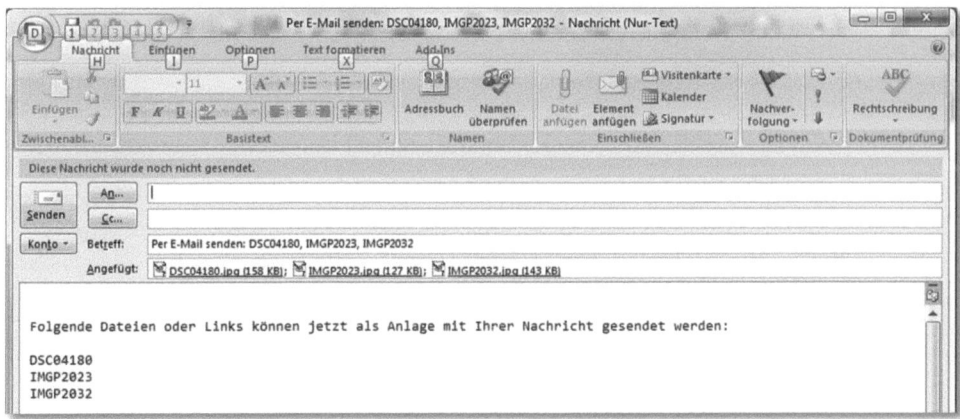

Sie sehen an dem Beispiel, dass die Dateigrößen sich auch in vertretbarem Rahmen bewegen.

Druck-Optionen

Sie möchten ein Foto mehrfach ausdrucken? Vielleicht ein Portrait in Passbild-größe? Markieren Sie im Windows-Explorer ein Foto und wählen Sie aus dem Kontextmenü den Befehl: **Druck** (Manchmal steht dort auch **Print**). Daraufhin öffnet sich ein Fotodruck-Assistent, in dem Sie eben nicht nur den Drucker auswählen können, sondern auch, über **Optionen**, wie groß und wie oft ein Foto, auf wie viele Seiten gedruckt werden soll. Das spart viel Zeit und Mühe.

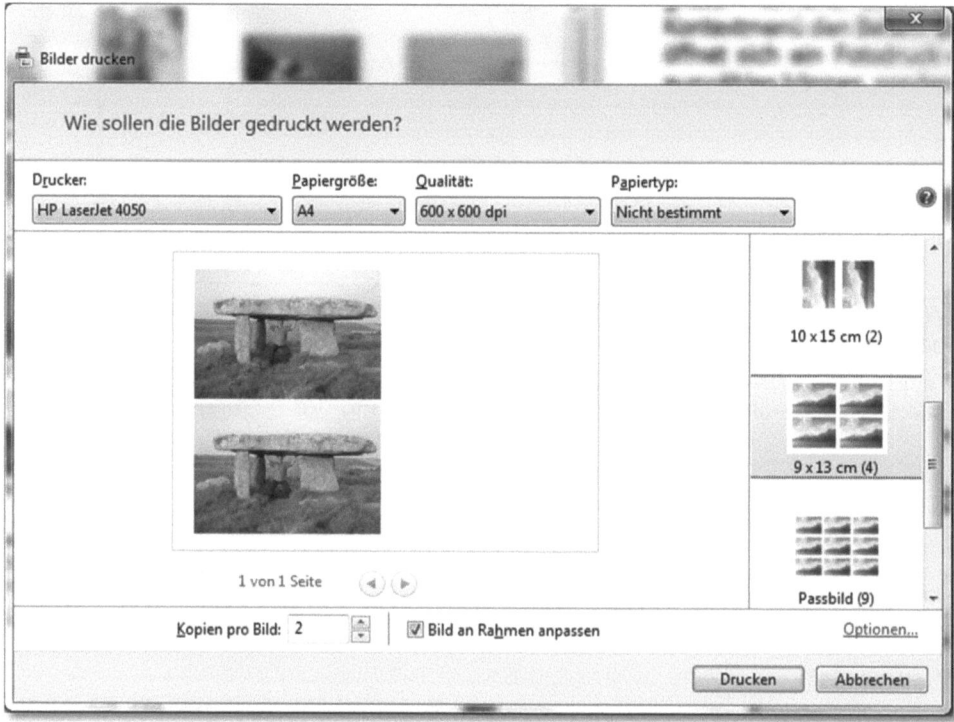

Wählen Sie mal den Kontaktabzug, der 35 Bilder pro Seite zulässt. Diese Methode ist viel komfortabler, als Fotos in einem Bildbearbeitungsprogramm oder etwa mit einer Textverarbeitung auf dem Papier zu positionieren.

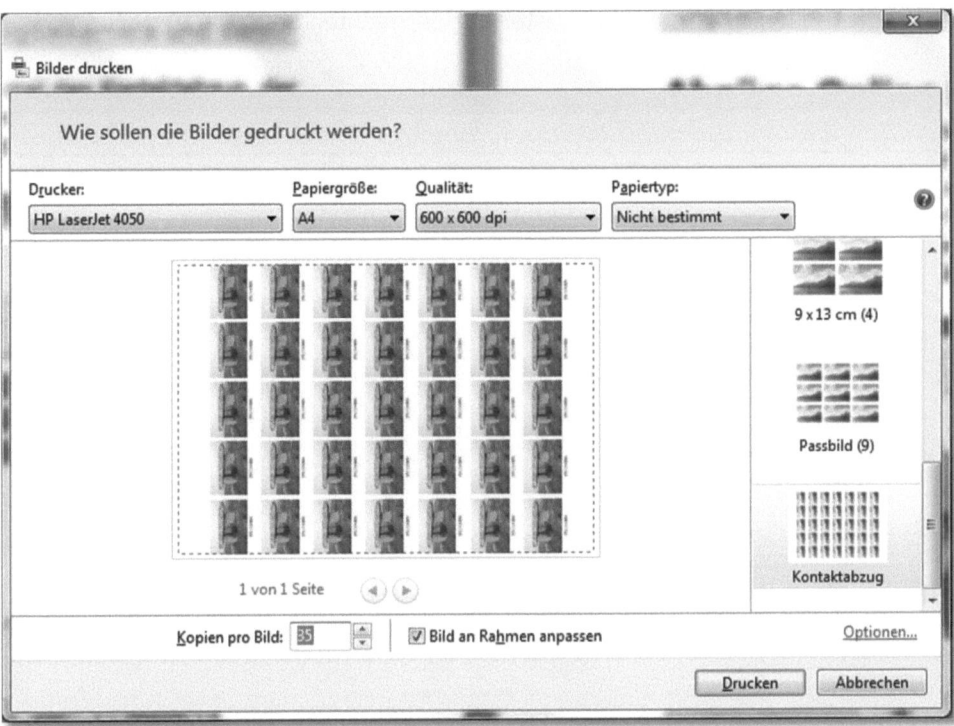

Die Methode funktioniert aber nur, wenn die Bilddateien mit dem Programm **Windows Bildanzeige** verknüpft sind.

Sie können auch mehrere Fotos im Windows-Explorer markieren und diese
dann vom Fotodruckassistenten auf dem Papier verteilen lassen. Dazu markieren Sie die gewünschten Fotos, Im Beispiel vier Stück, machen auf einem der
markierten Fotos einen Rechtsklick und wählen den Befehl **Drucken** (Print).
Wählen Sie im sich öffnenden Fenster auf der rechten Seite die Verteilung aus.

Einfacher kann man es wohl kaum noch haben. Mit einem Klick auf die Schaltfläche **Drucken** wird der jeweilige Druckvorgang gestartet.

Index

Haftungsausschluss

Inhalt des Angebotes

Der Autor übernimmt keinerlei Gewähr für die Aktualität, Korrektheit, Vollständigkeit oder Qualität der bereitgestellten Informationen. Haftungsansprüche gegen den Autor, welche sich auf Schäden materieller oder ideeller Art beziehen, die durch die Nutzung oder Nichtnutzung der dargebotenen Informationen bzw. durch die Nutzung fehlerhafter und unvollständiger Informationen verursacht wurden sind grundsätzlich ausgeschlossen, sofern seitens des Autors kein nachweislich vorsätzliches oder grob fahrlässiges Verschulden vorliegt. Alle Angebote sind freibleibend und unverbindlich. Der Autor behält es sich ausdrücklich vor, Teile der Seiten oder das gesamte Angebot ohne gesonderte Ankündigung zu verändern, zu ergänzen, zu löschen oder die Veröffentlichung zeitweise oder endgültig einzustellen.

Verweise und Links

Bei direkten oder indirekten Verweisen auf fremde Internetseiten ("Links"), die außerhalb des Verantwortungsbereiches des Autors liegen, würde eine Haftungsverpflichtung ausschließlich in dem Fall in Kraft treten, in dem der Autor von den Inhalten Kenntnis hat und es ihm technisch möglich und zumutbar wäre, die Nutzung im Falle rechtswidriger Inhalte zu verhindern. Der Autor erklärt hiermit ausdrücklich, dass zum Zeitpunkt der Linksetzung die entsprechenden verlinkten Seiten frei von illegalen Inhalten waren. Auf die aktuelle und zukünftige Gestaltung, die Inhalte oder die Urheberschaft der gelinkten/verknüpften Seiten hat der Autor keinerlei Einfluss. Deshalb distanziert er sich hiermit ausdrücklich von allen Inhalten aller gelinkten/verknüpften Seiten, die nach der Linksetzung verändert wurden. Diese Feststellung gilt für alle innerhalb des eigenen Angebotes gesetzten Links und Verweise sowie für Fremdeinträge in vom Autor eingerichteten Bücher, Gästebüchern, Diskussionsforen und Mailinglisten. Für illegale, fehlerhafte oder unvollständige Inhalte und insbesondere für Schäden, die aus der Nutzung oder Nichtnutzung solcherart dargebotener Informationen entstehen, haftet allein der Anbieter der Seite, auf welche verwiesen wurde, nicht derjenige, der über Links auf die jeweilige Veröffentlichung lediglich verweist.

Urheber- und Kennzeichenrecht

Der Autor ist bestrebt, in allen Publikationen die Urheberrechte der verwendeten Grafiken, Tondokumente, Videosequenzen und Texte zu beachten, von ihm selbst erstellte Grafiken, Tondokumente, Videosequenzen und Texte zu nutzen oder auf lizenzfreie Grafiken, Tondokumente, Videosequenzen und Texte zurückzugreifen. Alle innerhalb des Angebotes genannten und ggf. durch Dritte geschützten Marken- und Warenzeichen unterliegen uneingeschränkt den Bestimmungen des jeweils gültigen Kennzeichenrechts und den Besitzrechten der jeweiligen eingetragenen Eigentümer. Allein aufgrund der bloßen Nennung ist nicht der Schluss zu ziehen, dass Markenzeichen nicht durch Rechte Dritter geschützt sind! Die Erwähnung von Marken erfolgt gemäß §23 Markengesetz. Das Copyright für veröffentlichte, vom Autor selbst erstellte Objekte bleibt allein beim Autor der Seiten. Eine Vervielfältigung oder Verwendung solcher Grafiken, Tondokumente, Videosequenzen und Texte in anderen elektronischen oder gedruckten Publikationen ist ohne ausdrückliche, schriftliche Zustimmung des Autors nicht gestattet.

Datenschutz

Sofern innerhalb des Internetangebotes die Möglichkeit zur Eingabe persönlicher oder geschäftlicher Daten (Emailadressen, Namen, Anschriften) besteht, so erfolgt die Preisgabe dieser Daten seitens des Nutzers auf ausdrücklich freiwilliger Basis. Die Inanspruchnahme und Bezahlung aller angebotenen Dienste ist - soweit technisch möglich und zumutbar - auch ohne Angabe solcher Daten bzw. unter Angabe anonymisierter Daten oder eines Pseudonyms gestattet.

Rechtswirksamkeit dieses Haftungsausschlusses

Sofern Teile oder einzelne Formulierungen dieses Textes der geltenden Rechtslage nicht, nicht mehr oder nicht vollständig entsprechen sollten, bleiben die übrigen Teile des Dokumentes in ihrem Inhalt und ihrer Gültigkeit davon unberührt.

Im Buchhandel erhältlich:

Digitalkamera und dann?
Für Windows XP
ISBN: 978-3-8370-9722-1
Für Windows 7
ISBN: 978-3-8391-1366-0

Sie haben sich eine Digitalkamera angeschafft, können prima fotografieren, wissen aber nicht so richtig, wie Sie die Bilder von der Kamera auf den PC bekommen, dort sicher verwalten können und auch jederzeit wiederfinden? Dieses Buch zeigt Ihnen Schritt für Schritt, wie Sie unter Windows XP, eine sinnvolle Ordnerstruktur für Ihre Bilder aufbauen können. Sie lernen mit diesem Buch nicht nur das, sondern auch, wie man Bilder weiterverarbeitet (Größe ändern auch für den Email-Versand, Helligkeit und Farbe anpassen, rote Augen entfernen, Horizont gerade rücken, Retusche usw.). Außerdem wird in diesem Buch anschaulich gezeigt, wie Sie eigene Dia-Shows mit Ihren Bildern erstellen können. Und das Schönste daran ist, dass die eingesetzte Software für den Privatgebrauch kostenlos ist und dabei doch höchsten Ansprüchen genügt. Im Buch befindet sich ein Gutscheincode um 100 Fotos kostenlos bei FUJIdirekt über das Internet zu bestellen (Es fallen nur Versandkosten an).

Mein Fotobuch mit www.aldifotos.de
ISBN: 978-3-8370-2100-4

Erstellen Sie ein professionell gedrucktes und gebundenes Fotobuch mit Ihren eigenen Fotos. In Druck- und Verarbeitungsqualität steht dieses Fotobuch einem gekauften Bildband in nichts nach. Egal ob Sie ein eigenes Fotobuch für einen Hochzeit, einen Geburtstag, eine Taufe oder über den letzten Urlaub erstellen. Sätze wie: „Das Fotobuch ist das Schönste, was ich je am Computer gemacht habe." oder „Meine Geschwister haben geweint, als ich ihnen das Fotobuch zu Weihnachten geschenkt habe.", haben mich bewogen, es doch einmal mit diesem Buch zu versuchen. Zeigen Sie Ihrer Familie und Ihren Freunden, dass Sie mit dem Computer etwas Einzigartiges schaffen können.

Das Computer-Lexikon
ISBN: 978-3-8370-9923-2

In einem Computer-Kurs fragte mich einmal ein Teilnehmer:"Sagen Sie mal, was heißt eigentlich ISDN?" Ich holte aus, um eine Erklärung der technischen Belange abzugeben, wurde aber schnell unterbrochen. Er wollte einfach wissen, wofür diese Abkürzung steht. Da musste ich tatsächlich passen. Diese Peinlichkeit hat zur Entwicklung dieses Nachschlagewerkes geführt. Mehr als 1300 Begriffe aus der Computerwelt werden hier verständlich erklärt. Ach ja. ISDN steht für Integrated Services Digital Network. Das werde ich nie mehr vergessen ☺.

Mit Firefox ins Internet
ISBN: 978-3-8391-0269-5

Als ich das erste Mal in einem Newsletter gelesen habe, dass es einen neuen Browser namens Firefox geben soll, habe ich erst mal die Augen verdreht und gedacht:"Toll. Als ob es nicht schon genug Probleme an Computern zu lösen gäbe, die man nicht haben wollte." Wie das dann aber so ist und kommt, habe ich mir das Programm doch mal heruntergeladen, installiert und damit gearbeitet. Da kam aber dann doch schnell so dieses Wow-Erlebnis hoch. Firefox ist schnell, flexibel erweiterbar, alle Internetseiten, die ich bis heute damit besucht habe, wurden einwandfrei dargestellt. Eine Bekannte hat es mit einem kurzen Satz auf den Punkt gebracht. Mit Firefox läuft wenigstens alles. Gut. *Alles* ist natürlich ein sehr weit ausholender Begriff. Wir wissen aber sicherlich alle, was damit gemeint ist.

Von der Kamera auf die DVD mit Magix Video deluxe
ISBN: 978-3-8423-3276-8

Diese Buch ist keine Enzyklopädie zu Magix Video deluxe. Es richtet sich an den Einsteiger und soll Ihnen in einer verständlichen Sprache zeigen, wie Sie Ihr Filmrohmaterial von der Kamera, über den PC, als fertigen Film mit Klasse und Niveau auf eine DVD bekommen. Dabei ist dieses Buch keinesfalls oberflächlich. Im Titel dieses Buches heißt es nicht umsonst **Von der Kamera auf die DVD**. Dieses Buch soll Ihnen eine schnelle und effektive Hilfe sein, um genau diese Problemstellung zu lösen. Die Beispielvideos sind nicht perfekt gefilmt, der Originalton gefällt mir oft auch nicht und die Gesamtkomposition ist mir zu langweilig. Vielleicht geht Ihnen das bei Ihrem eigenen Filmmaterial genauso? Dann sind Sie hier genau beim richtigen Buch gelandet. Machen Sie was aus Ihren Videos und fesseln Sie damit Ihre Zuschauer.

Videotricks – Wissen wie's geht
ISBN: 978-3-8423-0695-0
Lieferbar ab Frühjahr 2011

Haben Sie sich auch schon mal gefragt, wie der eine oder andere Trick in einem Kinofilm zustande gekommen ist? In diesem Buch finden Sie zahlreiche Beispiele, die Sie sicherlich in ähnlicher Form schon einmal irgendwo gesehen haben. Diese Tricks nachzustellen ist manchmal sehr banal und einfach. Man muss nur wissen wie es geht. Das Buch zeigt Ihnen alles in einer Schritt-für-Schritt-Anleitung. Auf der Internetseite www.net4web.de/downloads.html finden Sie alle benötigten Dateien um die Tricks mit Magix Video deluxe „nach zu bauen". Auch die fertigen Tricks stehen dort für Sie bereit. Bei der Auswahl der Tricks wurde darauf geachtet, dass Sie entweder ganz kostenlos oder wenn, mit einem Minimalbudget von wenigen Euro realisiert werden können.